短歌は最強アイテム

——高校生活の悩みに効きます

千葉　聡

岩波ジュニア新書　863

はじめに――「短歌の人」と呼ばれて

大人になると、笑いながら「学生の頃は良かった」とか「もう一度、学校に戻りたい」と言う人がいる。でも、現役の生徒からすると、学校での日々は「大変だなぁ」と思うことも多い。生徒だけじゃない。教員も同じようなものなんだ。せっかく岩波ジュニア新書に書かせてもらうのだから「教育とは、このようなものだ」と格好よく書いてもいいのだけど、この本では、ちゃんと本音で勝負しようと思う。

教室に入《はひ》りゆくさへ怖い日がそりやあ有るつて君らは無いか？
大松達知《たつはる》『ぶどうのことば』

実力派の英語教師・大松先生も、青年期を終える頃に、こんな率直な短歌を詠んでいる。今、高校で国語を教えている俺は、うんうんとうなずく。

「ちばさと先生、学校って、まあまあ楽しいけど、面倒くさいことも多いし、月曜日の朝は憂鬱《ゆううつ》だし……。いろいろと大変ですよね」

昼休みの廊下で、二年生のタツキが話しかけてくる。何か悩みがあるという感じではなく、世間話のようなのんびりした口調なので、ちょっと安心して、俺も友だち同士のおしゃべりとして受けとめる。

「うん。そうだよなぁ。教員をやっていると、「これが正しいです。従いなさい」みたいな言い方をすることが多くて、俺自身、疲れちゃうよ」

「あれ？　学校を運営する側の先生が、そんなこと言っていいんですか？」

「まあ、ときには愚痴を言うこともだいじさ。学校って、やっぱり大変な場所だよ。みんなのためには必要だけど、このシステムをちゃんと続けていくには、かなりの労力がいる。先生も生徒も、なかなか大変だよ」

二人でフッと笑った。タツキは、その笑顔のままで聞いてきた。

「じゃあ、先生、学校に来やすくする秘訣《ひけつ》って、何かありますか？」

「秘訣？」

「秘訣っていうか、学校に来やすくさせてくれるお守りみたいなものって、何かありますか？」

「お守りかぁ……。タツキにはいっぱいあるじゃん。スポーツとか、好きな音楽とか、小説やマンガとか……」

タツキは、合唱コンクールや球技大会で大活躍してくれるお祭り男だ。多趣味でいろいろなことを知っている。授業中、彼の発言に何度も助けられた。

「もちろん、いろいろありますよ。でも、「これだ！」っていう最強のお守りがあったらいいな、と思って」

俺は考え込む。すぐそばを、女子の集団が通り過ぎていく。タツキはつぶやく。

「お守りっていうより、アイテムかな」

アイテムかぁ……。ふとゲームの画面が浮かんだ。アクションゲームやＲＰＧの主人公が手に入れる魔法の剣とか、宝石とか。それを手にすればパワーが回復し、敵よりも強くなれる。そんなアイテムが本当にあったら、学校でやることなんて、なんでも簡単にクリアできるんだろうなぁ。

うしなったことはないけどみつかっていないわたしのこがねのゆびわ

佐藤弓生『眼鏡屋は夕ぐれのため』

タツキは急に、何かを思いついた顔になった。

「そうだ。先生には最強アイテムがあるじゃないですか！　短歌が！　なんてったって、先生は短歌の人ですからね」

なんだか思いがけない方面から生徒に励ましてもらった。これじゃ、どっちが先生だか分からない。そのときチャイムが鳴った。あと五分で五時間目が始まる。俺は「励ましてくれて、ありがとう。この続きは、また」と言った。クラスで人気者のイケメン少年は、軽く手を振り返してくれた。

次の授業へ向かう。日射しのせいで、廊下には、くっきりとした初夏の光と、もっとくっきりとした影が生まれている。

急ぎ足で廊下にリズムを刻みながら考える。さっき、俺はどうしてすぐに「そうだ。俺には短歌があるんだ」と答えられなかったんだろう。

俺にとっての第一のアイテムは短歌だ。二〇代の終わりに短歌研究新人賞を受賞した。歌集も出版した。その後、戸塚高校で国語を教えるようになり、教員として働きながら短歌やエッセイを書いている。先生方も生徒たちもみんな、俺を「短歌の人」だと認識してくれている。

そう、「短歌の人」なのだ。

ときどき「詩人」と言われたりするが、それはそれでいい（本当は「歌人」だけど、本質的にはどちらも同じだ）。

ときどき「じゃあ、ここで一句お願いします」と言われたりするが、それもそれでいい（本当は、短歌は一句じゃなくて、一首だけど……）。

それでも、「ちばさとは短歌の人だ」と認識してもらえるのは幸せだ。短歌は、文芸の中では決してメジャーなジャンルではないが、生徒たちは「この先生は何か奥深い専門分野をもっているんだな」と少しは俺を認めてくれる。周囲の先生方が輝かしい活躍をして、自分が小さく感じられる夜にも、「俺には短歌がある」と思えば、少しは慰められる。

戸塚高校に来てからは、授業の合間に短歌を紹介したりした。歌集が出版され、それがテレビや新聞で紹介されるたびに、学校のみんなが喜んでくれた。

さっきは、すぐに「俺にとっての最強アイテムは短歌だよ」と言えばよかった。言うべきだった。短歌にこんなにお世話になってきたのだから。

でも、今のままでは、何か足りない気がした。今、短歌は「自分だけ」のアイテムだ。俺自身は短歌があることで救われた。では、短歌があることで、タツキも、他の生徒たちも、先生方も、みんな幸せになってくれないだろうか。友だち関係、勉強の大変さ、部活でのあれこれ、進路の悩み。さまざまなことについて、短歌がみんなの心のささえにならないだろうか。

短歌は一三〇〇年以上も前から、多くの人々に力を与えてきた。神話の世界の神々も、貴族や武士も、名もない庶民も、みんな歌を詠んできた。歌があったからこそ生きる力をもてた、という人がどれだけたくさんいただろう。歌の力は現代でも通用するはずだ。

俺は「短歌の人」だ。だから、今はまだまだ力不足でも、いずれ短歌の力を借りて、他の人たちのためにもがんばれるはずだ。今はまだ、何もできていないけれど。

みづいろの楽譜に音符記されずただみづいろのまま五月過ぐ

荻原裕幸『青年霊歌』

今、廊下を急ぐ俺の胸には、俺専用の魔法の剣がある。普通に光っていて、他の人には見えない。

いつか、みんなのために大きな剣を手に入れたい。シャキーンと光る剣を。その光を、いつかみんなに見せられるように。

目次

イラスト＝スカイエマ

第1章

正義の天使とつきあう方法

教員歌人「ちばさと」の日常

ウィキペディアには載ったけれど

校内には「千葉先生」が二人、「サトシ先生」は三人もいる。前任校でも、受け持ちのクラスの生徒たちから「ちばさと」と呼ばれていたが、戸塚高校では、この呼び名が全校に広まった。高校生たちは律儀に「ちばさと先生」と呼んだり、「ちばさとー」とふざけたり。

授業のあとで一年の男子たちに囲まれた。

「先生、すごいじゃん。ウィキペディアに「千葉聡」が載ってたよ」

「うん。それ、俺のこと。短歌の友だちが書いてくれたらしい」

「ちばさとは、どうしてウィキに載ってるの?」

「大学院生だった頃、『短歌研究』っていう雑誌の新人賞をもらったんだ。それから新聞や雑誌に原稿を書くようになってさ。それがきっかけだね」

「ネットで検索したら「千葉聡」で六〇〇〇件ヒットしたよ」

「うん。それ、一部は俺のこと。俺も昔、ちょっと検索してみたんだ。六〇〇〇件のうち、大学で生物学を教えているチバサトシ教授が二〇〇〇件、ゲームの名人のチバサトシさんが二〇〇〇件、旅館で働いているチバサトシさんが一〇〇〇件、大学生のチバサトシさんが一〇〇〇件」

「じゃ、ちばさと先生の情報は？」

「六〇〇〇件のうち、五件くらいかな。そのうちの一つがウィキペディアだな」

なんだー。ちばさと、もっとがんばらなくちゃ、じゃん。男子たちは、俺を盛り上げたり、盛り下げたりして、にぎやかに去っていく。彼らの声で、初秋の廊下がワッと明るくなる。

ちばさと先生、身長一六三センチ。体重は六〇キロもない。高校一年の男子の九割は、俺より背が高い。女子だって、この頃は背の高い子もずいぶん増えた。

「ちばさと先生って、本当にちびっ子だね」

「いや、子じゃないよ。ちび大人だよ」

放課後、国語科研究室にやってきた女子二人組が笑う。ミカとミナ。笑うと双子みたいに見える。もっと笑わせてやろうと思い、俺は言う。

「こう見えて俺は、冬に紺色のスーツを着ると、後ろ姿は学生に見えるらしい」

「え！　じゃ、前から見たら？」

「俺の前に回り込んで顔を見た人はみんな、「あー、かわいそう」みたいな顔になる」

ミカとミナは同時に「あー」とかわいそうみたいな顔になってから、大笑いした。

いつまでも若いつもりでいたが、四〇歳が近くなると大変なことがもち上がった。前髪問題である。額の領土が拡大してきたのに伴い、前髪をきちんとボリュームあるように整えなければならなくなったのだ。頭の真ん中あたりの髪をちょっと持ち上げて、耳の上の髪を前のほうに寄せると、額はややコンパクトに見える。

どのクラスにも二、三人は、よく気のつく生徒がいる。

「俺の前髪がヤバい状態になったら、そっと教えてくれよ」

そう頼んでおくと、彼らは授業中、俺の髪が乱れたとき、てのひらを額に当てて合図をしてくれる。それを見て俺は、自分の前髪をささっと整えるのだった。

ややギャルっぽくなろうとしている、美容師志望の女子たちが、放課後、俺を取り囲んだ。

「ちばさと、とにかく座って」

生徒用の椅子に俺を座らせて、何やら相談を始める。九〇点と言う子もいれば、七〇点をつける子もいる。

「それ、何の点数？」

「二〇歳のときの髪の毛の状態を一〇〇点としたら、今の先生の髪の毛が何点になるかを判定してるの」

え？　俺の二〇歳の頃を知ってるの？　とツッコミを入れたかったが、黙っていた。協議の末、八五点に落ち着き、ワックスやムースを使ってどこをどう盛り上げればいいのか、彼女たちは詳しいメモを渡してくれた。

秋の陽に先生のはげやさしくて楽譜にト音記号を入れる

東直子『青卵』

もう立派な大人である俺にも、やはり将来はある。俺は将来、やさしいはげの先生になりたい。

なぜかケンカの仲裁を

こんなマヌケなキャラクターのちばさとだが、生徒はときどきこんなことを言う。

「先生って、本気で怒ったら怖そう」

「本当、怖そう」

「いつもおとなしい人に限って、怒ると怖いんだよな」

どこから見ても、どう見ても、俺なんて全く怖くない。だが、生徒たちは面白がって「ちばさとは本気で怒ったら怖い」と繰り返す。俺は腑《ふ》に落ちないまま、テレビの中でタモリの問いかけに答える若手アーティストのように「そうですね」で片づけた。

ある放課後、いつも俺にパソコンの使い方を教えてくれるタカシがやってきた。

「僕は先生のこと、そんなに怖くないと思います」

「あぁ、ありがとう」

ちょっとホッとする。

「クラスのみんなが「ちばさとは怖い」と言うのは、先生の、正義感が強い点を言っているんだと思いますよ」

さすが高校生。フォローだけでなく、分析までしてくれるとは。

それにしても「正義感が強い」とは、よく言ってくれた。若者たちは見抜いている。俺は小さい頃から体が弱かったが、正義感だけは妙に強くて、大人にとっては扱いづらい子どもだったらしい。普段は弱いのに、ときどき「正義感スイッチ」が入ってしまうのだ。スイッチが入った瞬間、俺の脳裏に「正義の天使」の姿が浮かぶ。

死んだ父は穏やかな人で、よく「聡は人に刺されないか心配だ」と言っていた。メガネの向こうの、深い茶色の瞳を思い出す。

「聡、お願いだから、街で泥棒《どろぼう》を見かけても、追いかけたりするなよ。逆ギレした泥棒に、ナイフで切りつけられることがあるからな。聡は弱いくせに、クソ正義感をもっているから、父さんは心配なんだ」

まだ父が生きていた頃、テレビで「泥棒を追いかけた若者が、逆上した泥棒に刺される」というニュースが報じられていた。

だが、親の心配をよそに、小さくてか弱い聡は、なんとか殺されずに生きてきた。雨の午後、バス停で親子ゲンカをとめたこともある。深夜のコンビニで、ガムを吐《は》き捨《す》てた若者を注意したこともある。ちょうどタイミングよく天使が舞い降りてしまったからだ。俺はやんわりと口出しした。なんとか無事だった。

男ってアホだからさを言うときにそうは思ってないのが男

伊舎堂仁『トントングラム』

戸塚高校に来て間もない頃、駅でケンカの仲裁をやったこともある。その日、学校の仕事がなかなか終わらず、横浜駅に着いたのは一〇時近かった。仕事帰りの人たちから、煮詰めたスープのような匂いがする。きっと自分も同じような匂いをさせている。自由通路を東口へと歩いていたら、俺の目の前で、急に二人の男が摑《つか》み合《あ》いのケンカを始めたのだ。

「おい、こら。なんだ、お前の態度は！」

「やんのか？　てめー」

俺がなかなか口に出せないような、すばらしい悪態だ。しかも危険な香りがする。一人は五〇前後の逞《たくま》しいおじさん。もう一人は二〇代くらいの若者で、昔、国語を教えていたサトルにちょっと似ていた。俺は「あ、サトルだ」とつぶやいた。サトルであるはずはないが、彼を思い出したとたん、天使が「お久しぶりー」と言いながら舞い降りてきて、クソ正義感スイッチが入ってしまった。

「おい、お前ら、いい加減にしろ！　大の男が人様のいらっしゃる前で喧嘩《けんか》するなんて、恥ずかしいと思わねーのか！」

なんて格好よく言えたらよかったのだが、普段から悪態をつくことに慣れていないせいで、俺が口にできたのは、「どうかしましたか？」だった。

「どうかしましたか？　話があるなら聞きますよー。どちらかが怪我をする前に、こんなことやめましょうねー。大丈夫ですよ。話せば解決しますからねー」

気がつけば、俺は怖さのあまりぶるぶる震えながらしゃべっていた。だいたい、怖いんだったら通り過ぎればよかったのに、どんなときでも、天使を裏切ることだけは絶対にできないのだ。

「我」という文字そっと見よ　滅裂に線が飛び交うその滅裂を

大井学『サンクチュアリ』

割って入ってきた小男を見て、二人とも「は？」と動きをとめた。若者の胸ぐらを摑んでいたおじさんは手を緩め、新種の昆虫でも見るような目つきで俺を見た。

「ちょっと、誰か力を貸してあげなよ。この小さなお兄さんを助けてあげてー」

すぐ近くで女性の声がした。俺の頭の中では「お兄さん」のところがリピート設定(しかもエコーつき)で再生された。ちばさと、当時三〇代後半。「お兄さん」と呼ばれて嬉しい年頃である。その声に応えて、通りがかりの男性数人が俺に加勢し、喧嘩していた二人を引き離してくれた。

「いやー、良くやった。お兄さん、がんばったよ」

「本当に、こんな弱そうなお兄さんが、偉かったね」

周囲から拍手が湧いた。俺は笑いながら、まだ少し震えていた。心には正義の天使がいるが、体はいつものちばさとだ。


雑踏の中でゆっくりしゃがみこみほどけた蝶を生き返らせる

木下龍也『つむじ風、ここにあります』

翌日、教室で生徒たちにこの話をした。みんな「先生、いいことをしましたね」「ちばさと、偉かったじゃん」と褒《ほ》めてくれるかと思ったが、生徒たちは険しい目をした。

「先生、あんまり正義感を振りかざしちゃダメですよ。刺されますよ」

俺はちょっとうつむきかげん。

「うん。気をつけるよ。気をつけます」

内心、「ふん。せっかくいいことをしたのに。そこにいた人たちは、拍手までしてくれたんだぞ」と思いながらも、力なく笑うしかなかった。

その夜から、風呂の中で悪態の練習を始めた。俺だって、いつか強い男になってやる。湯船につかりながら大声を出す。

「おい、おめーら、何やってんだ。ふざけんじゃねーよ！　やんのか？　こら！」

声にはほどよくエコーがかかり、なかなかいい感じだ。鏡に映る顔もいつもより迫力がある。練習を始めて数日後、大声に驚いた母が、風呂場を覗きにきて「あぁ」と泣いた。

なめらかに悪態がつけるようになると、俺は早速、教室で披露してみた。

「今から悪態をつきまーす。おい、おめーら、何やってんだ！　ってどう？」

何人かは「おぉ」と感心してくれたが、大半は「似合わねー」と笑った。

「この前、ケンカの仲裁をしたときは、弱そうなちばさと先生が震えながらがんばった、っていうのがよかったんだよ。もし、先生が大きくて逞しい男だったら、ケンカがよけい大きくなっていたかもしれないよ」

そう分析してくれる子もいる。「そうか」「そうだよなぁ」とうなずく生徒たち。

金曜日の放課後は、休日を前にして生徒たちが華やいでいる。俺も授業の準備から解放され、一息つく。バスケ部の様子を見に体育館へ行こうとしていたら、下駄箱の前でタカシが話しかけてくれた。

「先生、いつかウィキペディアの「千葉聡」の項目に「がんばってケンカの仲裁をしたことがある」って書き足してあげますよ。「震えながらがんばっていた」ってね」

彼の目は面白そうに輝いていた。

「進学指導重点校」への異動が決まる

いつもいつも生徒たちに励まされ、先生方に助けられ、戸塚高校で五年を過ごした。公立学校の教員の宿命として春の異動がある。ちばさとは戸塚高校を去り、次は桜丘高校に行くことになった。

三月末までは「これからもずーっと戸塚高校にいますよ」という顔をしていたが、完全下校時刻を過ぎると、教員用のシュレッダーでいろいろな書類を処分し、荷物をまとめた。

「千葉ちゃん、桜丘もいい学校だから大丈夫だよ」

先生方が荷物を運ぶのを手伝ってくれた。

「ありがとうございます」

「まぁ、桜丘も昔は戸塚と同じような、のどかな学校だったけど、今は進学指導重点校になって、勉強、勉強っていう雰囲気で、少し大変かもしれないけどね」

今までにも会議で耳にしていた「進学指導重点校」。どんな学校なんだろう。

「ちばさと、桜丘に行ってもがんばってください」

「学校がかわっても、ちばさと先生は変わらずにいてください」

「最初は大変かもしれないけど、先生、がんばってね」

新聞の教員異動特集を見た卒業生たちがメールをくれた。

「ありがとう。がんばります！」

なんか俺はいつも励まされてばかりだな、と思いながら返信する。同期採用の先生は、こんなメールをくれた。

「桜丘は他校よりも勉強をがんばる学校ですから、今まで自由な発想で授業をしてきた千葉さんには大変かもしれませんが……」

俺は単純だ。暗示にかかりやすい。ここまでみんなに「大変かも」と言われたら、さすがに……。自分の仕事机を片づけながら、うつむいてしまう。

だが、こんなときにも正義の天使が舞い降りてくる。

「世の中、大変じゃないことなんて、何もない。どこへ行っても誠実に努力すること。それだけだ。それに、新しく来た先生が「うまくやれるかなぁ、心配だなぁ」なんて思っていたら、桜丘の生徒たちがかわいそうだ。先生は生徒たちをささえる存在だろ？　しっかりしろ、ちばさと！」

天使はなかなか説教がうまい。そうだ。そうだよな。

つよい願いつよい願いを持っており群にまぎれて喉を光らす

陣崎草子『春戦争』

数日かけてまとめた荷物をすべて車に積み終え、見慣れた校舎に一礼した。どこからか春らしい、土や草花の匂いをのせた風が吹いてくる。

今から桜丘高校へ向かう。

短歌連作　今、図書館にいます

ある日、黒板に書いた歌。

　このうたでわたしの言いたかったことを三十一文字であらわしなさい

　　　　　　　　　　　　　　　　　　　　　　斉藤斎藤『渡辺のわたし』

黒板に斉藤斎藤の歌書けば議論始まる「これ短歌なの？」

じゃあこれは短歌でしょうか「　　　　」↑正直者にしか見えません

カーディガンのまるい背中に射していた薄日も消えて授業は終わる

砂まみれの体操着二枚ベランダに干され一枚は旅に出ました

仕事ひとつポンと片付き五分間自由になれる　さあ図書館へ

国語科のドア「図書館にいます」という貼り紙の隅に「はい」と書かれて

『赤毛のアン』村岡花子訳ならばアンが着るのは服じゃなく着物

先生は先生だけど本棚にもたれて一瞬夢みたりする

図書購入希望票には「恩田陸全部」ととがったシャーペンの字で

「笑える本ありませんか」とやって来る猫背の男子　あごひげ少し

揺れやすいものを一瞬つかまえる　『ユージニア』に押す図書館印は

吹奏楽女子に貸したらその胸にぎゅっと抱かれた『渡辺のわたし』

中庭でホットココアを飲む女子の髪をぶあっと吹き上げる風

「冷たいってきれい」化学のレポートを折って見上げる冬の青空

去ってゆくものとこれから会うものを引き寄せて弾く「ジムノペディー」は

肩と肩が触れると微妙に離れたりして帰っていく女子、女子、男子

第２章

大冒険が始まる

小さな黒板を手に入れて

着任の挨拶は大成功

二〇二二年四月。横浜市立桜丘高校にて着任式が行われた。

俺はたくさんの先生方と一緒に体育館のステージに立つ。窓から斜めに射し込む光の中に、スノードームの雪みたいな埃《ほこり》が舞う。目の前には初めて見る生徒たち。当然のことながら、全員、桜丘高校の生徒、いわゆる「桜高生《おうこうせい》」だ。新しい先生の顔を見て、どの瞳もキラキラしている。ここに立つと、生徒たちが光る海に見える。今から大冒険に乗り出す海賊《かいぞく》の気分だ。

着任者は、ここで一人ひとり、着任の挨拶をする。すぐに俺の番が回ってきた。マイクを握ると、緊張がマックスに高まった。つい本音が出た。

「私は、三月まで戸塚高校にいました。戸塚高校が、とても好きでした。今でも好きです。だから、今回の異動が本当に悲しいです」

生徒たちはざわついた。前の学校への愛を語るなんて、なんて変な先生だろう。だが、本音を言ってしまった俺は、かえって気が楽になり、変な調子が出てきた。

「だから、今、「とつか」の「と」を聞いただけで涙が出てきます」

生徒たちは、ドッと笑った。体育館の温度が急に上がる。

「どうか俺の前では「とつか」とか「とっても好き」とか「とびらを開いて」とか言わないでください。絶対泣きますから」

お笑いライブのような大爆笑。受けた。受けて良かった。この挨拶は、のちに同じ学年所属のイワサキ先生から「千葉さんの最初のスピーチは衝撃的だったね」と何度もからかわれることになる。じつは、俺は異動のたびに同じような挨拶をしている。上菅田《かみすげた》中学校から戸塚高校に移ったときの着任の挨拶も「上菅田中が好きでした。世界一の学校でした」だった。ちばさとは全く成長していない。

笑い声が少しおさまってから、最後に言った。

「そして五年後、一〇年後、この桜丘高校を去る日が来たら、「さくらがおか」の「さ」を聞いただけで泣けるようになります」

大きな大きな拍手。大成功だ。やるじゃん、俺！　進学指導重点校なんていうから、どんなに堅苦しい学校かと思っていたけど、桜丘、普通にいい場所じゃん。

全校生徒が砂埃あげ俺を追うアニメのような夢を見にけり

笹公人『念力ろまん』

このときは、この大拍手の中にさまざまな思いが混じっていたことに、全く気づいていなかった。

「今日のおすすめ短歌」を始める

国語科準備室の入口の前に、小さな黒板が置いてあった。おしゃれなレストランの店先によく置いてある、「今日のおすすめメニュー」が書いてありそうな、かわいい黒板だ。描きかけの絵のように、小さなイーゼルに載せてある。

「この黒板、何に使うんですか?」

先生方に聞いてみたが、みなさん授業の準備で忙しいようで、特にリアクションはない。着任式で拍手を浴びて、気が大きくなっていた俺は、「今日のおすすめメニュー」ではなく、

「今日のおすすめ短歌」を書いてみた。この準備室には短歌関係者がいるんですよ、とアピールしたかった。

記念すべき一首目は、この歌。

銀色のペンキは銀の色でなくペンキの色としての銀色

枡野浩一『君の鳥は歌を歌える』

「これ、呪文《じゅもん》か何かですか？」

授業で使うプリントを抱えた同僚が声をかけてくれた。

「短歌です。ちょっと面白いでしょ？」

同僚は「そうですかぁ」と何事もなく通り過ぎていく。晴れた日に「晴れましたね」と挨拶を交わしたときの顔をして。

割り当てられた自分の机で、授業の準備を始めると、廊下から生徒たちの声がした。

「何、これ？　詩？」

「俳句じゃない？　でも、変な俳句だね」

「うん。変。でも、これって「あるある」ネタみたい。面白いね」

俳句じゃないよ、短歌だよ！　と心の中でツッコミを入れた。でも、「面白いね」と言ってもらえた。短歌にとどまらず、小説、映画、舞台でも活躍している有名人の枡野さんは、俺のことなんて友だちとは思っていないだろうけど、俺は心の中で「枡野、勝ったよ！」と叫んでいた。

その次の日は、桜の季節にふさわしい一首を。第一体育館の前の桜は、何かに急かされるように散り始めている。


桜ばないのち一ぱいに咲くからに生命《いのち》をかけてわが眺めたり

岡本かの子『浴身』

「あ、この歌は、昔、教科書に載っていましたね」

国語科の大先輩の先生が、嬉しそうに話しかけてくれた。さすが教科書の名歌。よし、次はもっと喜んでもらうぞ。黒板を見た人を驚かせたり、笑わせたりしたい。翌朝、早くに学校へ来て書いた。

誤植あり。中野駅徒歩十二年。それでいいかもしれないけれど
大松達知《たつはる》『アスタリスク』

「千葉さん、今日の歌、面白かったよ」

はす向かいの席のお姉さん先生が、読んでいた新聞から顔を上げて、褒《ほ》めてくれた。

「ありがとうございます。そうなんですよ、現代短歌って面白いんです。特にこの大松達知という歌人の作品は、『笑点』の大喜利の答えみたいにどれも面白くて……。これからも毎朝、一首書きますね」

お姉さん先生は目を細めて笑うと、新聞に目を戻した。俺の話を最後まで聞いてくれたのか、どうか……。

とにかくこうして、小さな黒板は、なんとなく俺のものになった。

恋の歌をめぐって

毎朝一首、短歌を書くことが、だんだん楽しくなってきた。だが、黒板短歌が当たり前に

なると、先生方から感想が寄せられることも少なくなった。生徒たちからも特に反応はなかった。

ある朝、この歌を書いた。

はい、あたし生まれ変わったら君になりたいくらいに君が好きです。

岡崎裕美子『発芽』

その日、授業を終えて廊下を歩いていると、一年の女子が声をかけてくれた。

「黒板に短歌を書いているのって、千葉先生ですか?」

「そうだよ」

「今日の歌、とっても深いと思いました」

授業でも、部活や委員会でも、何の接点もない教員に、こんなふうに話しかけるには、かなりの勇気がいる。彼女は勇気を振り絞って、ひとことを告げてくれた。やや上気した頬を見せると、その子は、さっと生徒たちの中に戻っていった。

国語科準備室に戻ると、黒板は女子三人組に囲まれていた。ささやくように交わしているのは恋の話だろうか。いつも生徒たちは、小さな黒板を通りすがりにちらりと見るだけなのに、今日はこの黒板が、いや、岡崎の歌が、こんなに人を集めてくれたのだ。

後日、俺は、感想を言ってくれた少女に、岡崎裕美子の歌集『発芽』を貸してあげた。こんなことがあってから、ときどき、生徒たちが俺に短歌の感想を話してくれるようになった。恋の歌を書くと反響が大きいということも分かった。

なぜこの場所に黒板が置いてあったのか

昼休み、ついうとうとしていたら、ふと先生方の会話が耳に入った。

「選択授業をとっている三年生に、急いで伝えたいことがあるんだけど、あの黒板に連絡を書いちゃダメかな？　あそこに書くには、千葉さんの許可をもらったほうがいい？」

「前は、誰でも連絡事項が書けて、便利でしたよね」

俺は机に突っ伏していたので、頭が本棚の陰に隠れていたのだろう。別の先生が答えた。

「許可はいらないんじゃないですか？　だってもともと連絡用に置いていた黒板ですから」

「でも、せっかくはりきって書いているのに、消しちゃうのも悪いしなぁ……。連絡事項は紙に書いて壁に貼ることにしよう」

目は覚めていたが、寝たふりを続けた。そうか。あんなに人目をひく黒板が、何の目的もなく置かれているなんて、おかしい。そう気づくべきだった。

そういえば、短歌の紹介を始めて間もない頃、ある先生から「連絡があるのに、どこに書けばいいの？」と強い口調で言われたことがあったっけ。その言葉の意味が、今ようやく分かった。

もう俺は今日から生まれ変わるのに昨日のことで怒られている

尼崎武『新しい猫背の星』

だが、先生方に謝るタイミングが摑《つか》めない。俺は大人の人間関係が、どうも苦手なようだ（かといって、若者たちとの人間関係が特に上手いという訳でもないが……）。それに、明日から突然、短歌を書くのをやめたら、それはそれで妙な感じがする。逆に、先生方に気をつかわせてしまうかもしれない。あの黒板を見てくれる生徒も、今では結構多くなったし、短歌の紹介はやめたくない。

そのうち、タイミングのいいときに、先生方にちゃんと謝って、あの黒板をお返ししよう。そして、短歌のためには、あれとは別の黒板を用意しよう。いつか必ず。

その日の寝たふりは、かなり長くなった。

「さようなら」が苦手な少女

六月に入った。小雨の降る日、また別の一年の女子が「質問してもいいですか」と声をかけてくれた。ポニーテールを揺らして歩く、元気な子だ。校内でよく「こんにちは」と挨拶してくれる。一度、休み時間に、わざわざ小さな黒板を見にきてくれたこともあった。俺は二年五組の担任だし、担当しているのも二年の授業ばかり。一年の子の名前は、ほとんど知らない。でも、何の接点もない俺に話しかけてくれるなんて、とても嬉しい。

「千葉先生は、どうして生徒に「お疲れさま」とか「お疲れー」とか言うんですか?」

「学校って、やっぱり明るい場所にしたいじゃん。だから俺は、学校にいる間は、誰にでも元気に挨拶するんだ」

「たしかに、千葉先生は、どの生徒にも明るく声をかけてくれますし、挨拶名人だと思います」

「お、挨拶名人だなんて、嬉しいなぁ。褒められちゃった」

「でも、「お疲れさま」っていうのは大人同士の挨拶であって、先生が生徒に使うのはおかしいんじゃないでしょうか？」

真面目でまっすぐな目だ。なるほど。彼女の言うとおりかも。でも、言い負かされたくなくて弁明を試みる。

「うちの学校には、日頃から歯を食いしばって勉強してる子もいるし、放課後に部活を真剣にやってる子も多い。だから、そういう子たちには「お疲れさま」って言ってやりたいな、と思うんだ。相手が大人でも子どもでも、がんばっている人には「お疲れさま」と言いたい。変かな？」

「そうでしたか。よく考えてみたら、そんなに変でもないと思います。ただ、私、先生も「さようなら」を言うのが苦手な人なのかな、それで「さようなら」の代わりに「お疲れさま」って言っているのかな、って思ったんです。それだけです」

最後のほうは早口になって、彼女は逃げるように行ってしまった。廊下が急に広くなる。

授業開始のチャイムが鳴った。

夕方、完全下校時刻が近づくと、生徒たちは部活を終え、慌ただしく帰っていく。バラエティーに富んだ荷物を揺らしながら、明るく声をかけてくれる子もいる。

「先生、さようなら」

「おう、お疲れさま！」

あ、俺、今「お疲れさま」って言った。多くの生徒は「さようなら」で、俺は「お疲れさま」か「お疲れー」だ。よくよく考えてみれば、俺はほとんど「さようなら」とは言わない。

実験してみた。次の日の放課後、俺はわざと「さようなら」を言うようにした。

「先生、さようなら」

「さようなら」

この一言が、やや改まった言い方に思える。なんだかくすぐったい。

挨拶名人だと褒めてくれた少女と話すことができたのは、その数日後。帰りがけに、昇降口を出たところで、たまたま出くわした。

「この前、「さようなら」を使ってみたよ。なんか変な感じだった」

「先生は「さようなら」をちゃんと使えるんですね。私と同じじゃないんだ。私、人と別れるときに「さようなら」を使うのが、本当に苦手なんです。これは、ずっと前のことなんですけど……」

彼女はつらそうな顔で、ある思い出を話してくれた。大切な友だちと喧嘩《けんか》して、怒ったままで「さようなら」と冷たく別れたことがあった。その直後、友だちの身の上に悲しい出来事が起こり、もう二人は会えなくなってしまった。それ以来、お別れに「さようなら」という言葉がどうしても言えなくなってしまって……。

「そうだったのか。そんなことがあったなんて……。本当に大変だったね。今は「大変だったね」しか言えなくて、ごめん……」

彼女は真面目な顔をちょっと崩し、無理に笑ってくれた。

「思い出話を聞いてくださり、ありがとうございました」

「いやいや、こちらこそ話してくれてありがとう。そうだ、俺も今後「さようなら」を使わないようにする!」

「先生、そんなの意味ないですよ。先生は必要なときに、ちゃんと「さようなら」を使ってください。その代わり、いつか「さようなら」の出てくる、心が癒されるような短歌を私のために作ってくださいね」

「うん。いつか必ず作るよ」

歩きだした彼女の背中に向けて、俺は小さく「お疲れさま」と言った。その子のための一首はなかなか書けなかったけれど、俺は数日後、この歌を小さな黒板で紹介した。


ひさしぶりのさよならですねゆく街のゆくさきざきで君がゆれてた

東直子『愛を想う』

あの子はどんな顔をして読んでくれただろうか。この歌の中に、あの子と、会えなくなった友だちとが一緒に住んでいるような気がする。

小さな黒板を通じて、少しずつおしゃべりのできる子が増えていることが、俺にとって大きなささえになった。ただ、話しかけてくれるのは、一年生ばかり。俺がいつも教えている二年生は、あまり短歌に興味を示してくれないようだが……。

青春キャンペーン

いつもうるさいくらい元気な生徒が、急に静かになる。一〇代後半はいろいろある時期だから、そんなこともあると思うけれど……。

廊下で会ったときもぼんやりしていたし、授業中もうつむいていた。静か、というより、なんとなく落ち込んでいるように見える。不機嫌なようにも見える。どうしたのかなぁ。昨日までは廊下で大笑いして、部活では大声をあげて、調子よさそうだったのに。

「今日はノリヒロが、なんだか元気ないですね」

俺が話すと、他の先生がすぐに答える。

「うん。私もそう思った。急にどうしちゃったのかなぁ」

気づいたのは俺だけじゃなかった。先生方の間でも話題になる。みんな善意の人ばかりだから、あれこれ心配する。

だが、ノリヒロの不機嫌が数日続くと、だんだんと不機嫌なことが当たり前になっていった。彼を心配する声も減った。

水に溶けそうな想いを綴るにはライトブルーのこのペンがいい

柴田瞳『月は燃え出しそうなオレンジ』

魂の翼もがれて生きること痛まし千々石《ちぢわ》ミゲルの棄教

松村由利子『大女伝説』

ノリヒロを思い浮かべながら、こんな歌を黒板に書いた。俺が心配しているせいか、「水に溶けそうな想い」も「魂の翼」も、悩み多き高校生の心情を代弁しているように思える。ノリヒロは、この黒板を見てくれただろうか。短歌の言葉が彼の胸に届いて、少しは元気になってくれるだろうか。

ノリヒロだけじゃない。高校生であれば誰でも、日々の悩みは尽きないだろう。今こそ、小さな黒板に、明るく元気な言葉で貫かれた「応援ソング」のような短歌を書きたい。流行しているポップスの歌詞のように、短歌が若い心のささえにならないだろうか。

でも、そういう応援ソングって、ときどきちょっと嘘くさく感じることもある。ただのスローガンみたいに見えたりもする。いろいろ考えた末、青春キャンペーンとして、小さな黒板に、しばらく「青春」を詠み込んだ歌を書くことにした。

青春の心拍として一粒のカシスドロップ白地図に置く

野口あや子『くびすじの欠片』

青春という字を書いて横線の多いことのみなぜか気になる

俵万智『サラダ記念日』

「まだ」と「もう」点滅している信号に走れ私の中の青春

松村正直『駅へ』

青春はみづきの下をかよふ風あるいは遠い線路のかがやき

高野公彦『水木』

「この頃青春の歌ばっかりですね」

生徒たちからそう言われると「うん。青春キャンペーンなんだ」とだけ答えた。あえて「応援」という言葉は出さなかった。

短歌の中の「青春」は、明るく楽しく元気よく、というような分かりやすいものではなく、人それぞれの痛みや悲しみや、ヒリヒリするような憧れを伴っている。そういう、きれいごとではない「青春」を紹介することで、高校生たちが何かを感じてくれたら、それでいい。強く人を励ます言葉ではなく、誰かの心にそっと寄り添う短歌を届けたかった。

ノリヒロだって青春の真ん中にいるんだ。いろんな時期があっていい。静かにしていたい時期があったっていいんだ。無理に明るくするほうが不自然だ。学校は生徒たちに、つい「明るくしていろ」と要求しがちな場所だけど。

そろそろ青春キャンペーンを終わらせようかと考えていた夕方、ノリヒロとばったり出会った。彼はぼそぼそと言った。

「カシスドロップの歌、良かったです」

久しぶりに聞く声だった。

「うん。その歌、俺も好きだよ」

そう答えて、俺は「じゃあ」と軽く手をあげた。ノリヒロはコクッとうなずいて帰っていった。

さようならが苦手な少女も、ノリヒロも、黒板の短歌をちゃんと読んでくれた。その短歌が彼らを救ったとか、彼らの心を癒したとか、そんなふうに大げさにはとらえたくない。人の気持ちは一首で救われるほど単純ではないだろう。

でも、小さな黒板があったおかげで、そこに短歌があったおかげで、俺は彼らと、日常より少し深くかかわることができた。短歌は、大きなきっかけをつくってくれた。短歌には人と人とをつなぐ力があるのだ。やはりこの黒板を手放したくない。次の教科会で、先生方にちゃんと謝って、黒板を正式に使わせてもらうようにしよう。

ちばさと、倒れる

その日、授業をすべて終え、国語科準備室に戻ってきたら、なんだか体に力が入らない。先生方に「早く帰ったら？」と言われ、早めに退勤することにした。井土ヶ谷《いどがや》駅近くの「いむら診療所」に行くと、「横浜の赤ひげ」と呼ばれ、名医として知られる伊村医師はあっさり言った。

「過労、寝不足、発熱。すぐ家に帰って寝ること」

大人になって熱を出すなんて、不甲斐《ふがい》ない。言われたとおりに帰宅し、母には「心配いらないから」とだけ言い、ベッドに入る。カーテンの端から六月の終わりの夕空が見える。

桜丘に来てから、バスケ部の重要な試合が続いていた。土日も忙しかった。いい学校に来たんだから、もっとがんばらないと！と思っていた。やはり無理していたのかなぁ。

真夜中に起き、もらった薬を飲んで、また寝た。翌日は学校を休んだ。ゆっくり寝たら、だいぶ良くなった。

その次の日、学校に復帰した。一日離れていただけなのに、いつもとは全く違う場所に思える。校務センター(全体の職員室)にいた先生方に「昨日はすみませんでした」と言って、国語科準備室に向かう。

ドアを開けようとした手がとまった。俺は、初めて見るもののように、小さな黒板を見た。そこには、先輩の先生の字で短歌が書いてあった。

明日《あす》消えてゆく詩のように抱き合った非常階段から夏になる

千葉聡『微熱体』

どこで見つけてきたんだろう。俺の二〇代の頃の作品だ。恥ずかしい。でも、それ以上に嬉しい。「連絡用の黒板だったのに」と言っていた、あの先生が、昨日、俺の代わりにこれを書いてくれたんだ。

俺は、心の中で「ありがとうございました」と言ってから、丁寧に自分の歌を消した。そして、お返しに、この歌を書いた。

ありがたし今日の一日もわが命めぐみたまへり天と地と人と

佐佐木信綱『老松』

信綱の歌の「人と」が胸にしみる。その日、その先生は、小さな黒板を見てから、「もう無理はしないようにね」と声をかけてくれた。

そして夏休みが始まる

七月になった。教室でも、準備室でも、高校野球の話題で盛り上がる。野球といえば正岡子規だ。俺はこの歌を書いた。

久方《ひさかた》のアメリカ人のはじめにしベースボールは見れど飽かぬかも

正岡子規『竹乃里歌』

期末テストが終われば、もう一学期も終わる。ある女子が声をかけてくれた。

「先生、夏休み中、小さな黒板はどうしますか?」

「バスケ部の合宿中は更新できないな。どうしようかな」

「じゃ、そういうときには私が書いてもいいですか?」

「うん。もちろん。よろしく」

その次の日、小さな黒板はきれいに拭いてあった。その真ん中に小さく「千葉先生、今日も一首、お願いします」と書いてあった。

短歌連作　高校教師再入門

バス停の脇に鏡の欠片《かけら》あり　欠片の形に青空があり

青空は好きでもカーテンちょっとひく　ノートには日が溜まりすぎです

朝の打ち合わせでギャグを言い照れて斜めに笑う栗原先生

質問をされても答えられなくてまた読み直す『源氏物語』

国語科の教師ちばさと（本当は苦手）古典は得意でいたい

あしびきの長々し夜を研究書読み、山と積み、崩れて夜明け

今座ったら寝てしまう　午後の授業オーバーアクション、ハイテンションで

西階段踊り場に射すため長く長く引き伸ばされて、光は

床タイル一つひとつに挨拶をするかのように掃除するエリ

数学科教師タッチー、クールなり　汗をかいても汗臭くなく

女子二人、ノートをまるめまるめすぎタッチーを待つ会議室前

質問をされて、これこれこれと言い、生徒をうなずかせるタッチーよ

明日の小テストを印刷する　窓の外には窓のぶんだけ夜空

明朝の会議のために白板にクリさんが書く字よ踊りだせ

文庫版与謝野訳『源氏』上巻は有隣堂の緑カバーに

文庫本の厚みをかかえ桜丘高校前バス停へと走る

第３章

みんな旅の途中

クラスは大きな船

二年五組の担任に

桜丘高校に着任早々、二年五組の担任になった。クラスの生徒たちは、すでにこの学校で一年間を経験している。学校生活については、彼らのほうが先輩だ。

「俺は来たばかりで、分からないことだらけだから、何かあったら教えてください。どうかよろしく」

最初のホームルームで頭を下げた。五組のみんなは、明るく迎えてくれた。委員や係が早く決まって、みんなで「なんでもバスケット(椅子取りゲーム)」をした。にぎやかなクラスだった。よし、みんなのために明るくがんばるぞ。

ふとわれらはつらつとせる表情をスクランブルを駆けて見せ合う

梅内美華子『横断歩道《ゼブラ・ゾーン》』

四月、最初の授業は、わがクラスの「現代文」。俺は大真面目な顔で、こんな話をした。

「俺が世界でいちばん好きな食べ物は生クリームです」

生徒たちの目が点になる。笑ってくれる子もいるが、中には真面目に反論する子もいる。

「先生、生クリームっていうのは素材であって、食べ物とはいえないと思います」

「それは食べ物差別だ。生クリームっていうのは立派な食べ物なんだ。それをホイップするには、冷たい状態を保つ細やかな気配りと、手早く空気を混ぜ入れる熟練の技とが必要なんだ。ここには人生哲学があるだろ?」

変な先生だなぁ。やれやれ……。生徒たちは苦笑するしかない。

そんな私を変えたくなくて屋上のきかんしゃトーマスに乗ってみました
斉藤斎藤『渡辺のわたし』

そうだ。俺はもともと変な先生なんだ。最初の数日だけなら「いい先生」を演じることができるかもしれないが、無理はしたくない。早く学校に慣れて、素の自分を出したい。そして、ちょっと変だけど面白くていい先生だと認められ、みんなに愛されたい。

授業で大苦戦

授業で面白い話をするのは、わりと得意なほうだと自認していた。だが、桜丘に来てからは、苦戦に次ぐ苦戦。

選択科目「古典」でも、二年五組の生徒が多くいる講座を受け持つことになった。

その古典の授業で助動詞を教えたときに、

「名詞のあとに「なり」が続いたら、それは断定の「なり」なんだ。コロ助も言っているだろ？　「拙者、武士なりヨ」って」

黒板に「武士＝名詞」「なり＝助動詞・断定」「ヨ＝コロ助語」と書いた。前の学校ではウケたネタだ。桜丘でもウケるはずだ。生徒たちの頰が緩んだら、俺は大サービスとして、コロ助のものまねをしようと思っていた。だが、振り向いた俺を待っていたのは、困ったような顔。

「先生、コロ助って誰ですか？」

「え？　マジで知らないの？　藤子・Ｆ・不二雄先生の名作中の名作『キテレツ大百科』だよ。発明家の小学生と、ロボットのコロ助が出てくるマンガだよ」

「良かった。ちゃんと元ネタがあるんですよね。僕、先生がどっか別の世界に行っちゃったのかと思って、マジで心配しちゃいましたよ」

放課後、国語科準備室で、隣の席のカサハラ先生に愚痴をこぼした。

「今までウケていたネタが通用しないなんて……。俺はもうダメだ。『平家物語』の「おごれる人も久しからず、ただ春の夜の夢のごとし」を教えるときもさ、ほら、宇多田ヒカルも「traveling」の中で「春の夜〜」って同じフレーズを歌ってるだろ？　と言っても誰も分かってくれないし……」

カサハラ青年は苦笑した。

「まぁ、そんなもんですよ。ネタにも鮮度があるってことですよ」

そうか、鮮度の問題だったのか。じゃあ、今の若者たちに通用する新しいネタを仕入れて、すぐに使えばいいわけだ。

夜、家で勉強するときに、テレビをつけるようになった。画面を見ずに、音声だけを聞く。若者が好むバラエティーや歌番組を聞きながら、授業の計画を練る。あるとき、テレビでAKB48の特集をやっていた。

「あ、これだ。ネタになる！」

早速、教室で試した。

「丁寧語っていうのは、文末表現が多い。古語では「侍《はべ》り」「候《さぶら》ふ」。現代語では「です」や「ます」。この前、テレビである曲が流れていて、俺は非常に感心しました。ＡＫＢ48というグループはじつに礼儀正しい。ちゃんと丁寧語を使っている」

ツカミはＯＫ。生徒たちの視線が集まる。いいぞ、いいぞ。

「先生、何の曲を聴いたんですか？」

「あれだよ、「会いたかった」っていう曲」

「それのどこが丁寧語なんですか？」

「ほら、だって「会いたかったー」を繰り返したあと、最後に「です！」って言うじゃん。最後の決めゼリフに丁寧語「です」を使うなんて、すばらしすぎる」

たしかに生徒たちは笑ってくれた。だが、それは俺が笑わ
せたのではなく、俺が笑われたのだった。

「先生、それ、「です」じゃなくて「Ｙｅｓ」ですよ」

さやさやとさやさやと揺れやすき少女らを秋の教室に苦しめてをり

米川千嘉子『夏空の櫂』

戸塚高校のときとは感触が全く違う。授業をどう組み立てたらいいか、俺は悩みに悩んだ。毎日、わが二年五組を見ていると、桜丘の二年生は、とにかく忙しそうだ。部活に参加していれば先輩の顔をもつ。選択授業も始まり、勉強も大変になる。授業の内容が深まってくると、担任をからかいに来てくれることもなくなり、休み時間には机に突っ伏して居眠りする子が増えた。授業中、どんなに面白い話をしても、なかなか反応してくれなくなった。

俺は、休み時間にクラスに遊びに行かなくなり、その代わり、準備室でじっくりと教材研究をするようになった。やはり、ここは進学指導重点校だ。教員は、面白いネタを考えるより、まずはレベルの高い授業をするべきだ！

実際、国語科の先輩方は、現代文でも古典でも、かなり高度な授業を展開していた。大学入試につながるように、ポイントを押さえた教え方。それでいて、文学の豊かさや文法の妙に触れることも忘れない。四〇代に突入した俺だが、国語科ではまだ下から二番目の若手だ。

先輩方にはかなわない。

教員は授業でがんばるのが基本だ。俺が机に向かう時間は、ますます増えていった。

二つの部の顧問に

それでも、やはり生徒たちとのかかわりを大切にしたい。そんな、着任したばかりの俺の心のよりどころとなってくれたのは、水泳部とバスケ部だった。

四月半ばのある放課後、水泳部部長が国語科準備室に来てくれた。

「先生、水泳部の顧問を引き受けていただけませんか？」

差し出されたのは、コンビニの袋。中には紙パックの生クリームが入っていた。部長の後ろには水泳部員たちが並んでいる。

「あ、ありがとう……」

まさか、こんなふうに応えてくれるとは！

「水泳部は人数が少ないですけど、これからよろしくお願いします」

この時点で「よし、水泳部の顧問も引き受けるぞ」と決意した。

じつは、着任が決まってすぐに、バスケ部の顧問を引き受けていたのだ。バスケ部顧問のツチダ先生から「ぜひ一緒に顧問をしてください」とお電話をいただいていた。それに、春休み中、桜丘の下見に来たときに、部室棟前でバスケ部員たちに囲まれ、大歓迎してもらっていたのだ。

「あ、千葉先生、うちの学校に来てくれるんですよね？」

「そうそう、新聞に出てましたよね。桜丘へようこそ！」

「先生、また一緒に練習してくれますか？」

去年の夏、俺が顧問をしていた戸塚高校バスケ部と、桜丘高校バスケ部とは合同合宿をした。俺は部員たちと一緒に走ったり、トレーニングしたりした。桜丘の部員たちは、俺のことを覚えていてくれたのだ。

「うん。やる。練習やりたい」

そのまま体育館へ。一緒に走り、パス練に加わり、最後には筋トレ。バスケ部では練習中、何度も「ファイトー」と声をかけ合う。

「千葉先生、ファイトー！」

「先生、がんばって！」

何度も何度も励まされてしまった。「俺をからかっているのか？」と思うくらいに。去年の合宿で仲良くなったダイシの声がいちばんデカい。

「おい、いくらなんでも、「先生、ファイトー！」って言い過ぎだろ？」

誰かが言うと、元気の塊《かたまり》のダイシが答えた。

「だって、千葉先生、桜丘の初日じゃん。デビューだから盛り上げたいじゃん」

トレーニング中、俺は不覚にも泣きそうになってしまった。部員たちのウェアは濡《ぬ》れに濡れ、体育館には新しい汗の匂いが漂う。

受け止めることのできないあたたかい言葉残らずこの身を通れ

本田瑞穂『すばらしい日々』

こんな練習のあとで「先生、絶対うちの部の顧問になってください」と言われたら、もう断ることなんてできない。

ちばさとは完全文化系男子で、学生時代には音楽と演劇しかやってこなかった。だから、運動部の顧問になったところで、部員たちに技術指導はしてやれない。それでも、部員たちが必要としてくれるなら、顧問を引き受けよう。一緒に走ったり、パス練やシュート練の相手をつとめたりしよう。

こうして、先輩方から「千葉さんは、机に向かっているか、部活をやっているか、どちらかだね」と言われる生活が始まった。放課後は、用事が片づくとすぐ体育館に行った。二年五組の担任よりも、二つの部の顧問にやりがいを見出すようになった。

学級通信を捨てられて

それでも学級担任としての仕事は、がんばらなくちゃいけない。担任ちばさとは、毎日、学級通信を発行することにした。

朝、ホームルームで学級通信を配る。

「今日も書きました！　ちゃんと読んで、家にもって帰ってくれよ」

「えっ!?　先生、今日も書いたの？」

「昨日も出してなかったっけ？」

そこで俺は、自信たっぷりに笑う。

「毎日発行するっていうのが、ちばさと流なんだ」

配った直後、教室は静かになる。日頃うるさい子も、ふざけてばかりの子も、学級通信をじっと読んでくれる。このひとときがあるから、どんなに忙しくても大変でも、担任を続けていられるのだ。

担任が何か一つ本気を見せると、クラスは必ず良くなる。物書きである俺にとって、その日の出来事と、日誌のコメントを載せた学級通信を毎日発行することが「本気」の表れだった。

だが、五月に入ると、クラスの反応はだんだんと鈍くなってきた。その朝は、明らかにいつもと雰囲気が違った。

「今日も書いたよ。じゃ、配るよー」

最前列に座っていたハルトがうつむいたままだ。俺が学級通信を配ると、ハルトは大きな吐息《といき》をもらした。

「どうした？　何かあった？」

心配をするのは担任の仕事だ。だが、彼は答えない。その日は目も合わせてくれなかった。

次の朝、ハルトは、俺が手渡した学級通信を読まなかった。放課後、彼の机の上には学級通信だけが置きっぱなしになっていた。

「俺はクラスみんなのために学級通信を書いているんだ。みんなにあてて書いた手紙と同じなんだよ。だからちゃんと読んでもらいたいし、家にもち帰ってもらいたい」

今度は、そう話してから配った。だが、ハルトはまた読まない。彼だけではない。掃除が終わったあとで教室を見回ると、学級通信が三枚、床に落ちていた。しかも上履きで踏まれた跡までついていた。次の日には四枚落ちていた。そのうちの一枚は破れていた。


拾ったら手紙のようで開いたらあなたのようでもう見れません

笹井宏之『ひとさらい』

守り続けるのは大変。ダメにするのは簡単。パソコンの前に座っても、なかなか言葉が浮かんでこなくなり、学級通信は二日に一度、三日に一度になった。

「俺が学級通信を出すのが嫌なのか?」

やっとのことで書き上げた学級通信を手渡しながらハルトに聞いてみた。少年は久しぶりに口を開いた。

「嫌です。っていうか、いりません」

なんでこんなことになっちゃったんだろう。俺、何か悪いこと、したかな？　落ち込むだけ落ち込んで、考えに考えて……。でも、何も解決しない。

こうなったら正直にぶつかるしかない。思い切って、帰りのホームルームで話した。

「このところ、学級通信が床に落ちているのを見かけて、俺は悲しくなった。本当に悲しかった。何かあったのなら教えてほしい」

教えてくれたのは、ある男子だった。俺がハルトたち数人に厳しい指導をしたことがあったというのだ。しかも彼らの事情をきちんと聞かず、単なる思い込みだけで指導をしていたという。

一学期も終わりに近づき、個人面談期間に入った。俺はハルトに言った。

「俺が一方的な指導をしていたね。謝る。ごめん」

謝るときのくすぐったさは、大人になっても変わらない。ハルトは黙って聞いていた。教室のクーラーのうなる音が、やけにはっきり聞こえた。

日溜りに置けばたちまち音立てて花咲くような手紙がほしい

天野慶『つぎの物語がはじまるまで』

翌朝、俺は久しぶりに学級通信を出した。ハルトはその場では読まなかった。だが、さっと素早くかばんに入れてくれた。

その放課後、教室の床には何も落ちていなかった。

そこに本があったから

放課後、国語科準備室に生徒を呼ぶことがある。何があったんだ？　どうしてこんなことをしたんだ？　これからどうするつもりなんだ？

俺の前に座るのは、制服をおしゃれに着崩した男子だったり、なかなか笑顔を見せない女子だったり。いわゆる「生徒指導」だ。何か問題を起こしたと思われる生徒を呼ぶこともあれば、守るべき生徒を呼ぶこともある。

ある男子を呼んだ。俺が質問をしても、彼はなかなか口を開かない。質問の言葉を換えてみても結果は同じ。沈黙。遠くから聞こえてくる部活のざわめき。また沈黙。

信じない信じられない信じたい投げつけられたトマトのように

三原由起子『ふるさとは赤』

どうやら沈黙が長く続きそうだ。俺は冷蔵庫からペットボトルのお茶を出し、二つの紙コップに注ぐ。

「ま、ちょっと飲もう。こんなに暑いと喉《のど》も渇くだろうし」

一口でも飲んでくれたら、なんとかなる。飲んでくれなかったら、紙コップがひたすら汗をかくだけだ。そしてまた沈黙。この沈黙を重苦しいものにしたくなくて、俺はわざとゆっくりお茶を飲んだり、窓を開けたりする。初夏の風が入ってくる。

「気持ちはよく分かる、なんて慰めを言うつもりはない。他人の気持ちをそのまま理解できる人なんていないんだ。だから、今、ここで気持ちを話してくれなきゃ、その気持ちは誰にも伝わらなくなっちゃうよ」

苦し紛れに放った言葉を、彼はどんなふうに聞いただろうか。

風もまた裂かれる痛みを抱《いだ》くのかポプラの枝は高く尖りて

天道なお『NR』

今日はもうダメかな、と思ったとき、思いがけない味方が現れる。

「その本、読んだこと、ある……」

俺の机の周囲に積まれた本の山。心のささえになってくれる短歌のアンソロジーもあれば、二年の「現代文」で紹介した青春小説もある。「国語表現」で読んだ児童書もある。クラスで回覧したマンガもある。その中の一冊を指さして、彼が口を開いたのだ。

「うん。これ、名作中の名作だよな。俺も好きだよ」

それは『ハリー・ポッター』だったり、『西の魔女が死んだ』だったり、『あひるの空』だったり、『サラダ記念日』や『シンジケート』だったり。この波に乗ろうとして俺はつい饒舌になる。

「本って、本当にすばらしいよな。あ、言っとくけど、「本」と「本当」って、オヤジギャグじゃないよ！　俺も、今は短歌やエッセイを書いているけど、いつかはこういう名作を書きたいと思っているんだ。読者を明るい気持ちにさせたり、ハラハラさせたり、感動のあまり泣かせたりしたい。『飛ぶ教室』や『クオレ』や『赤毛のアン』や『二十四の瞳』。そんな名作を一編でも生み出すことができたら、死んでもいいね」

　彼が指さした本を取り出して、一緒にページをめくる。古びた児童書も、カバーのとれかかったマンガも、魔法の一冊だ。彼は少しずつ自分の気持ちを話してくれる。

　本について語り合うとき、俺は嬉しくなる。こんな生徒指導の場面でも、つい熱い気持ちになってしまう。本当は生徒に言いたい。俺は文学の人だ。文学（詩歌や小説だけでなく、人間ドラマが描かれているマンガも文学だ）は人間の自由を守るべきものだ。ささいなルールや、煩わしい人間関係に損なわれてはいけない心の自由を謳《うた》うものなんだ。今日はこうして呼び出されることになったけど、君はこんなことで心を小さくしていちゃいけない。もっとのびのびと生きていくべきなんだ！

　でも、こんなに熱量が高くて一方的で、訳の分からない主張など、とても口に出せない。こんなことを言おうと思っただけで、胸の真ん中が痛くなる。言えないからこそ今、痛みをこらえて、ここに書いてみた。

本を囲みながらしゃべっているうちに、少しだけ彼の言い分を聞くことができた。今日の生徒指導は終了。

自分の気持ちをまっすぐに口に出せる子は、必ず成長する。成長には痛みを伴うかもしれないけれど、大丈夫、必ず成長する。そう信じて俺も国語科準備室を出る。

文学に助けてもらった一日だった。

外間先生の思い出

金曜日のホームルーム。わが二年五組では、俺が話し始めてもマンガを読んでいるやつがいる。

「おい、切り替えろ。ちゃんとしろ！」

注意すればマンガを閉じる。だが、他にもおしゃべりをしたり、スマホをいじったり、いろんなやつがいる。生徒たちのだらしない姿が当たり前になってきた二学期、俺は強い言葉で注意するばかり。

「千葉先生のクラス、元気でいいですねー」

「五組、この前の総合の発表、上手でしたよ」

他の先生方はいつも褒《ほ》めてくれるが、この頃の俺は立派な小言オヤジだ。


いくつもの名前を呼んで私から遠ざかりゆく放課後の窓

山崎聡子『手のひらの花火』

一一月のある夜、電話をもらった。ゼミの先輩が告げた言葉を、俺はただ繰り返した。

「外間《ほかま》先生が亡くなった……」

俺は東京学芸大学の教育学部を卒業し、数年間働いたあとで國學院大學の大学院に進んだ。当時、大学院の先生方は忙しく、俺の名前など覚えてくれなかった。研究室も資料室も居心地が悪かった。だが外間先生だけは俺の名前を覚え、何かあるたびに「千葉くん」と声をかけてくださった。

沖縄学の第一人者、外間守善《しゅぜん》先生。沖縄の古代歌謡集『おもろさうし』や琉歌の魅力を教えてくださった。およそ大学教授には似つかわしくない、さわやか系のスポーツマン。アクティブで面白い先生。剛柔流空手道八段の腕前。野球や陸上競技で国体に出場したこともあるという。

「話を聞いてばかりだと面白くないだろう。今からみんなでおやつにしよう」

先生の授業は、途中からお茶会になったり、音楽や映画を鑑賞する会になったりした。そのあとで先生は必ず学生たちと語らう時間をとってくださった。本を読むだけが学問じゃない。外間先生の周囲のすべてが議論の題材になった。

先生は青春時代に戦争を経験した。だからこそ「学問をすることで世界を平和にしよう」というシンプルで力強いメッセージを学生たちに伝え続けた。その姿が格好よかった。

三連休の最後の日、告別式にうかがった。受付の手伝いをし、焼香をし、先生の胸元に花をそっと置いた。最後に先生のお顔を見た。今にも「千葉くん」という言葉が飛び出しそうな口もと。

あぁ、そうだった。俺はハッと気づいた。外間先生は一度も俺を叱ったり、うるさく注意したりはしなかった。

もちろん、二〇代の大学院生はもう立派な大人だから、高校生とは大違いだ。それでも、外間先生が、千葉の足りないところを見過ごしてくださったのは事実だろう。先生は叱る代わりに、いつも励ましてくださった。

「他の大学から大学院に来たんだから、いろいろ大変だろう。でも、何があっても僕が守ってあげるから、千葉くんは思う存分に勉強しなさい。思いきり学びなさい」

体も小さく、いつも青白い顔をしていた俺を、外間先生は気にかけて励ましてくださったのだ。俺が父を亡くし、続いて兄を亡くしたときも、外間先生は駆けつけて励ましてくださった。

先生とお別れし、葬儀場の片づけを手伝ったあと、駅まで歩いた。同期のサトコウくんと並んで思い出を語り合ううちに、学生時代のノリを取り戻す。

「最後に俺たちがいたんだから、外間先生は幸せだったよな」

「そうだよ。俺らがいたから外間ゼミは最強だったし」

本当は二人とも真逆のことを思っていた。外間先生と一緒にいられたからこそ、俺たちはみんな幸せだった。先生のおかげだ。

じゃあ、今の二年五組のメンバーはいつか、俺と一緒にいたことを幸せだと感じてくれるだろうか。

明日から、小言ではなく励ましの言葉を口にしよう。彼らを叱るのではなく、彼らを守る存在になろう。今の俺にとっては、まだまだ難しい課題だけれど……。

代理ピアニスト、大いに汗をかく

年が明けると、校内は、まるで聖歌隊の歌が響く大聖堂のようだ。朝、校舎に入ると、いろいろなクラスの歌声が降ってくる。

「この頃、合唱の朝練があるおかげで、遅刻が減っていいですね」

職員玄関で先生方とそんな話をした。

朝の打ち合わせ前に、わが二年五組を覗くと、指揮者が強弱をつけようと力を込めて指導している。

ちょっと寂しい。俺はピアノを習っていたし、大学では音楽の講座も受けた。今までに合唱部の顧問をやったこともある。でも、五組は担任に頼らずに、なんでもしっかりやっている。

指揮者がひとこと注意をすると、みんなが「はい」と答える。そしてまた歌が始まる。俺は書類の束を抱えて打ち合わせに向かう。

放課後の練習は、ますます熱くなる。

「曲の明るさに助けられているだけ。うちらの自由曲はいい曲だから、なんとなく合唱になっているけど、まだ強弱も何もついていないよ」

吹奏楽部など音楽系の部に入っている子が、厳しい指摘をしてくれる。そして、また練習が始まるのだ。

音楽のなかをあゆめり　ゆくえなき午後をつつみて野分のごとし

三枝浩樹『世界に献ずる二百の祈禱』

一月が終わる。いよいよ明日は合唱コンクール。わがクラスはインフルエンザのため四人が休みだ。放課後、最後の練習。部活や委員会で忙しい子も、今日は合唱を優先する。自由曲「風になる」(作詞・作曲：つじあやの)に合わせてダンスも披露することになった。「みんな、笑顔でいこうね」「はい!」「休んでいる四人のためにもがんばろう」「うん!」。誰かの声に、必ず誰かが応える。そして、全員がじつにいい笑顔になって、いよいよ最後の合わせが始まった。今までにない豊かなハーモニー。いかん！　つい涙が出てきた。用事があるふりをして逃げた。

五組は立派だ。担任の手助けなんて必要ないんだ。

合唱コンクール当日、一、二年生全員が横浜関内ホールに詰めかける。午前中は全員制服で、一年生から順に課題曲を発表する。

ところが、一年生のあるクラスだけ、やけに人が少ない。

「あのクラス、インフルエンザで八人も休んでいるんだって」

「伴奏者もインフルにかかっているらしいよ。午後の自由曲は、アカペラでやるんだって」

それは大変だ。アカペラでやったら、途中で音程が狂ってしまう。

「よかったらピアノを弾きましょうか？」

俺は思わず申し出た。そのクラスの担任の先生は「ぜひお願いします」と言った。指揮者の子が譜面を見せてくれた。コブクロの「蕾《つぼみ》」の合唱版だ。大丈夫、これなら弾ける。

昼休み、生徒たちが弁当を食べている間に、五分ほどピアノを弾かせてもらった。だいたいは弾ける。音符が込み入っているところは、ベース音とメロディーを弾けば、なんとか曲になる。とにかく歌声の邪魔にならないように伴奏しよう。

不思議なり千の音符のただ一つ弾きちがへてもへんな音がす

奥村晃作『鴇色の足』

午後の部、開始。やはり一年生から自由曲を発表する。それぞれに簡単な衣装を用意し、ダンスを加えたりして、なかなか面白い。やがて「蕾」のクラスがステージに出る。俺は最後に登場し、お辞儀をするとすぐにピアノに向かった。客席が大いにざわめく。

「え? ちばさとが弾くの? なんで?」

「伴奏、弾けるの?」

だが、すぐに代理で弾くのだと事情を察したらしく、前方の席の二年生たちが拍手と声援を送ってくれた。「ちばさとー、ファイトー」だなんて、まるで体育祭みたいだ。

桜丘高校に来てからいちばん緊張した五分間。だが、声援のおかげで、ほぼノーミスだった。前奏や間奏のところでは、自分なりにアレンジを加える余裕まであったが、弾き終えたら首のあたりに大量の汗がたまっていた。

「先生、さっきの、すごかったじゃん」

二年五組の席に帰ると、男子はもちろん、いつもはクールな女子たちも褒めてくれた。ちゃんと書いておこう。うちのクラスの女子から褒めてもらったのは、これが初めてだった。

順位発表。わが五組も、俺が伴奏をしたクラスも、賞状はもらえなかった。でも、みんながんばった。実行委員長の挨拶が終わり、最後に司会者が言った。

「自由曲の発表中には言い忘れましたが、伴奏者が病欠したクラスのために、千葉先生が急遽、伴奏をしてくださいました。どうもありがとうございました」

五組が真っ先に拍手をしてくれた。やがて拍手は場内に広まった。

俺はその場で深く深く頭を下げた。

ちばさとは変態歌人(⁉)

「今すぐツイッターを見たほうがいい」

雑誌社に勤めている友人から電話をもらった。三月も半ばの寒い夜だった。「最近、千葉くんの作品の評判はどうだろう」と思って、彼は「千葉聡」「ちばさと」をネットで検索したそうだ。そこで刺激的な書き込みを見つけたというのだ。

「ちばさとの本を読んだ。こんなの文学じゃない」

「うちの担任は変態歌人だ」

教えてもらったとおりにツイッターで検索してみたら、次から次へと出てくる出てくる。ときどき「うちの担任は」と書いてある。うちのクラスの生徒が書いたんだろう。

「こんな短歌を書くなんて、変態だ」

まるで「変態・ザ・バーゲン」か「変態フェスティバル」のように盛り上がっている。

誰が書いたのか、よく分からなかった(あとで「プロフィールをクリックすればすぐ分かるよ」と知人に教えてもらったが……)。調べないほうがいい。いや、いちいち調べようがない。こんなにたくさんのツイート。うちのクラスだけでなく、多くの若者たちが書き込みに賛同し、面白がっているようだったから。

彼らが繰り返し話題にしていたのが、「先生のちんこを叩きにやってくる男子のちんこに夕日が迫る」という一首。ある生徒が図書館でちばさとの第三歌集『飛び跳ねる教室』を借りてきたらしい。そこでこの歌を見つけ「変態歌人だ」とツイートしたのが発端だったようだ。

　七年前、俺は上菅田中学校で働いていた。中一の担任をしていた年、ふざけて俺の股間を叩きにくる男子が数人いた。廊下ですれ違いざまに「エイッ」と手で叩いてくる。そして俺の驚く顔を見て大笑いする。幼くてバカげた遊びだ。でも、こんな小さなことが、いつしか生徒たちとの距離を縮めてくれた。三年にあがる頃には、彼らはすっかり頼もしい顔つきになり、ずいぶん俺を助けてくれた。

　当時の中学生たちとの思い出を、そっくりそのまま短歌に残したい。『飛び跳ねる教室』はそんな思いから生まれた一冊だった。その思い出が「変態」という一語で消し去られてしまった。その夜は眠れなかった。

春風に詩集の頁《ページ》かさかさと天使の焦げた翼がひらく
加藤治郎『環状線のモンスター』

　それでも朝はやってくる。胸の奥をギュッと握り潰されたような気分で、寝不足の顔で、なんとか学校へ行く。朝のホームルームを普通にこなす。生徒たちの様子は変わらない。それじゃ俺も黙っていよう。何も知らなかったふりをしていよう。でも、このまま終わらせたら、俺は生徒たちに本気でぶつかることができなくなる。

やっぱり話そう。ちゃんと話そう。帰りのホームルーム。

「全員こっちを向いて、俺の話を聞いてほしい」

いつもどおりに連絡だけをして終わると思っていた生徒たちは、驚いた顔になった。俺はツイートを見つけた経緯を話した。

「その中に「うちの担任は」と書いてあったから、このクラスの生徒がかかわっていたんだろう、と思った」

全員が、こっちを見ている。

「俺は物書きだから、作品を批判されるのは覚悟している。でも、俺の作品のせいで、みんなに心配をかけたり、嫌な思いをさせたりしたのなら、ここで謝りたい。ごめん。でも、これだけは言う。俺は、気取った言葉じゃなくて、日常の言葉で短歌を詠もうと思っているんだ。ときどきは幼い言葉づかいをしたり、生徒のリアルなつぶやきをそのまま詠んだりもするけれど、どの歌も生徒たちとの思い出をあたたかく残したいという気持ちで詠んでいる。

これだけは信じてほしい。そしてこれからは、このクラスのみんなのためにいい作品を書く。以上です」

途中で声が震えた。最後の「以上です」で声が上ずった。でも、誰も笑わなかった。

「先生を批判するつもりじゃなかったんです。作品中の一語にこだわって、盛り上がりすぎてしまっただけで……」

放課後、何人かが謝りに来てくれた。

九月のある朝の出来事

二年五組は、クラス替えのないまま三年五組になった。担任も変わらない。

三年生になると、みんなだんだん勉強に真剣になり、わりとクールな感じに見える。日々は何事もなく過ぎていく。だが、俺は担任として、自分の力不足を感じていた。

俺は、生徒の心を全然摑《つか》めていない。もちろん、この高校の生徒たちは、いい子ばかりだ。勉強も部活もよくやっている。学校行事も現代っ子らしい明るさをにじませながら、自主的に運営している。この高校に来て二年目の俺に対しても、ちゃんと礼儀正しく接してくれる。

だが、そう、彼らは常に「礼儀正しく」なのだ。その態度には「千葉先生、好き」という雰囲気が全くない。一〇代の若者たちは、かくも手強い。

ひたすらに白を重ねて花が散り痛みはものの外側にある

大森静佳『てのひらを燃やす』

PTA懇談会でテラダ先生は話していた。

「うちのクラスは明るくて、やさしいです。先日、私の誕生日に「先生おめでとう」と拍手して盛り上げてくれました。かわいいクラスです」

イワサキ先生のクラスは、文化祭で、担任をセンターにしてダンスを披露するという。俺だって、前任校では誕生日を祝ってもらった。文化祭では「ちばさと」を前面に出した企画もやってもらった。それなのに……。

でも、本質を見失ってはいけない。生徒たちから、ちやほやされなくても、教員としてがんばらなければ。教員には教員の役目があるのだ。

毎日、担任として任された仕事を丁寧にやっていく。古典の授業のために毎回、語釈や現代語訳を書き込めるプリントをつくる。現代文の授業では、毎回必ず面白い本を紹介する。土日は部活のために必ず出勤する。こうなったら意地だ。たとえ人気ランキングで最下位の教員であったとしても、俺は心を曇らせず、考えられる限りの最善を尽くそう。

それでも、生徒の間からは「ちばさとは道徳的すぎる」「あんまり好きじゃない」なんていう声が聞こえてくる。他の男性教員は、誕生日にクラスの生徒からもらったプレゼントを抱えて準備室に戻ってくるのに、俺は……。廊下では、長身でおしゃれなカネコ先生を囲んで冗談をとばし合う生徒たちがいるのに、俺の周囲では……。

いやいや、負けちゃいけない。生徒たちのためにがんばり続けていれば、いつかきっと生徒たちも心を開いてくれるはずだ。夏休みも終わり、文化祭を間近に控えた九月のある朝。

「はい、おはよー」といつもの明るさで教室に入る。

「みんな来てるか？　じゃ、今日の連絡を……」

俺が話し始めると、文化祭の脚本を担当しているタモンが叫んだ。

「千葉先生、おめでとう」

続いて、パラパラと拍手が起こった。俺の顔を見て、タモンが聞いてくる。

「え？　先生、今日、誕生日じゃなかったですか？　誕生日ですよね？」

そのとき俺はどんな顔をしていただろうか。

「うん。誕生日だよ」

そう答えると、今度は大きな拍手。そうだ。今日は九月四日。誕生日だった。

放課後、マユコが話しかけてくれた。

「先生には、いつもとてもお世話になっていますからね。「誕生日おめでとう」ぐらい言わせてもらいますよ」

そう、彼らは礼儀正しい。「先生が好きだから」ではなく「お世話になっているから」なのだ。でも、俺は、本当に、本当に、嬉しかった。

古典の勉強会スタート

ちょうど一年前の秋。早めに出勤したある朝、「こんなに早いんだから、俺がいちばん乗りだろう」と思って校舎に入ると、準備室にはもう明かりがついており、カサハラ先生が机に向かっていた。

「めっちゃ早いね。部活の朝練？」

「いえ、三年生の朝学習ですよ。希望者を集めて勉強会をしているんです。さすがに受験生ですからね。こっちも本気になって面倒みてやらないと」

彼は古典のプリントを『広辞苑』三冊ぶんも抱えて、教室へ向かった。

放課後も土日も部活に出て、生徒会行事の責任者も引き受けて、その上、朝の勉強会までやるなんて……。俺はカサハラ先生の後ろ姿に頭を下げていた。

そして今年の秋。三年生の古典をいちばん多く担当しているのは俺だ。カサハラ先生に代わって、今年は俺ががんばる番だ。

「来週から古典の朝学習を始めるよ。一緒に大学入試の過去問をやってみよう。分からないところがあったら教えるし、文法事項も解説する予定です」

まずは自分の担当しているクラスで話してみた。毎週、水曜と金曜、朝七時半に国語科大教室に集合。希望者は誰でも歓迎します！　生徒たちはおとなしく聞いていた。

果たして何人来てくれるだろうか。カサハラ先生は学校中の人気者だったから、希望者が殺到していたようだけど……。俺の場合は、一人でも来てくれたら丁寧に教えることにしよう。その一人をだいじにするんだ。でも、一人も来なかったらどうしよう……。

朝学習の初日、どきどきしながら教室に行くと、なんと四人も来ていた。

「よかったー。よく来てくれた！」

プリントを配っている間に数人が加わり、初日の参加者は七人になった。俺は、プリントには書かれていない文法事項まで黒板に詳しく書き、熱弁をふるった。

朝学習を始めたことを三年の先生方にも報告し、すべてのクラスで宣伝してもらった。三回目の朝学習には一〇人も集まってくれた。

「僕のクラスのやつらも朝学習に来たいって言ってました。次は一緒に来ますよ」

博識を誇るアサミズくんが、そう教えてくれた。

「先生、入試ではよく文学史の問題が出るじゃないですか。朝学習で文学史も教えてください」

そんな声もあがった。次の回から黒板の隅に「特集・今日の文学史」を書くようにした。

台風の影響で大雨が降った朝も、一〇人以上が来てくれた。わが五組の元気者たちも参加表明し、二〇人近く集まることもあった。勉強会の内容も、プリントをやるだけでなく、一人ひとりの質問を受け付ける時間をとるようにした。

ある保護者から言われた。

「先生、お忙しい中、朝の勉強会までやっていただいて、とても感謝しています。うちの子も一人ではなかなか勉強が進みませんが、「朝、がんばって勉強会に行くぞ」という目標があるとがんばれるみたいです。また、朝集まる子同士が励まし合ったり、教え合ったりしているようですし、そういうつながりがありがたいです」

朝は朝の、夜《よ》は夜のひかり、でも長すぎる冬、つかのまのひかり
岸原さや『声、あるいは音のような』

冬に入り、朝起きるのがつらくなる。でも、来てくれる子たちの顔を思い浮かべると、なぜか起きられる。暗いうちに家を出て、学校へ行き、真っ先に国語科大教室の明かりをつける。

もうすぐ生徒たちがやってくる。

「先生、ごめんなさい」


放課後、生徒ホールを通りかかったとき、わがクラスの女子二人に声をかけられた。

「先生、二年のときは、本当にごめんなさい」

「え？　何のこと？」

「ほら、先生が桜丘に来たばかりの頃、女子たちが冷たかったでしょ。あれは本当にごめんなさい、でした」

二人はもう一度「ごめんなさい」と小さく頭を下げ、小走りに去っていく。あとには、窓から降りそそぐ冬の陽射しが残された。

三年になってから、個人面談をじっくりやる機会が増えた。一人ひとりの顔を見ながら、進路について話し合う。不思議なくらいに「あ、この子は、こんな表情を見せるんだな」「この子は、こんなことを考えていたんだな」と発見することが増えた。一人ひとりのことが、だんだん分かってくると、休み時間や放課後に、こうして生徒たちが声をかけてくれることも増えた。その数日後、別の男子からも声をかけられた。

「もうすぐ卒業だから、ちばさとには謝っておきたいと思ったんです。本当にいろいろとすみませんでした」

俺が授業で「日本語はどんどん変化する。本当は「すみません」なのに、今はみんな「すいません」なんて言うだろ？」とうるさく言ったせいか、その子は正確に「すみません」と言った。

「ちょっと待て！　何を謝ってるんだ？　話してよ」

その子は訥々《とつとつ》と話してくれた。俺が桜丘に来たばかりの頃、生徒の間に「ちばさとは信用できない」という雰囲気があったという。それは、俺が不用意に口にしたある言葉が原因だったらしい。

「え？　俺、何かひどいこと言ったっけ？」

「今、考えてみると、そんなにひどい言葉じゃなかったと思います。僕たちの過剰反応だったと思います」

どうやら俺が着任の挨拶で「俺は戸塚高校が好きです。今は「とつか」の「と」を聞いただけで泣けてきます」と前任校への思いを述べたことについて、「この新任教師は桜丘をバカにしている」と受け取った生徒がいたらしい。

「それは、最後に「これからは桜丘のことを、前任校と同じくらい大好きになりたいです」と話すための、話の枕のようなものでさ……」

「そうですよね。分かりますよ。ちばさとが悪い人じゃないってことは、すぐに分かりましたし。でも、そのときは、けっこう悪いように受け取っていました。すみませんでした」

わが五組では、学級通信を発行してもあまり喜ばれなかった。結局、二年の途中で廃刊してしまった。学校行事でも担任は頼られない。礼儀正しさはあるけれど、担任に親しみを感じている雰囲気はあまりない。テラダ先生を囲んで写真を撮りまくっている四組と、ヨザ先生の話をしっかり聞く六組に挟《はさ》まれ、俺は自信をなくしていた。

その後、また別の子がそっと教えてくれた。二年生になって間もない頃から、一部の女子が、ちばさとに厳しく注意されたことが納得できず、反発していたという。そういう雰囲気もクラスの中に広まっていたらしい。

いつもはやさしい担任なのに、ときどき、急にスイッチが入ったように強情になる。俺の心の中にある正義感スイッチを、生徒たちは敏感に感じ取っていたのだ。

今なら分かる。正義感を振りかざすと本人は、わりとすっきりする。正しいことを正しく実行できた喜びを味わえる。だが、それに振り回される生徒は、たまらない。ときには俺の一方的な言い方が、生徒の心の柔らかい部分を損なうこともあっただろう。

「正しいことばかり行ふは正しいか」少年問ふに真向ひてゐつ

伊藤一彦『海号の歌』

帰りのバスに揺られながら、今までの日々を思い返してみた。そうか。そういうことだったのか。どうもおかしいと思っていた。ようやく原因が分かった。

でも、みんな、ひどいよ。何か心に引っかかることがあったなら、すぐに言ってほしかった。あの着任の挨拶だって、すぐに「俺が調子に乗りすぎていた」と謝ることができただろう。厳しく注意しすぎたことがあったのなら、それをちゃんと反省して、その子に謝りたかった。どうしてひとこと言ってくれなかったのか。俺は力不足の教員だけど、話を聞く耳はもっているつもりだった。話を聞きたかった。

みんな、ひどいよ、ひどいよ、とつぶやきながらバスを降りた。まわりに人がいなかったら泣いてしまいそうだった。交差点に出て、街の明かりに照らされる。少し落ち着こうと、近くのカフェに入った。

あたたかいミルクティーを飲んで、ホッとする。いつもの癖で、つい本を取り出した。やはり俺は「短歌の人」だ。かばんに入っていたのは、現代短歌のアンソロジーだった。開いたページには、この歌が書いてあった。

会ふといふ愛《かな》しきものを　草に会ふ書に会ふ、まして人にし会ふは

宮英子『海嶺』

ひどいのは、生徒じゃない。俺のほうだ。何かおかしいと思っていたなら、俺のほうからもっと行動するべきだった。態度がクールすぎる子たち一人ひとりに頭を下げて、本心から「何かあったのなら教えてほしい」と言えばよかった。

だって、俺は担任なんだから。このクラスをいちばんに守るべき人なんだから。

俺は、この子たちに出会ったんだから。

俺は「担任です」という顔はしていたけれど、本心から担任にはなっていなかったのかもしれない。いつまでも「二年次から学年に加わりました新参者です」という気持ちを捨てら

れなかった。生徒たちは、そういうところに気づいていたんだろう。

今からでも遅くはない。まずは、明日、行動しよう。

次の日、クールな態度を続けていた子たちに、それぞれ声をかけた。

「俺が気づいていなかったことがたくさんあったね。嫌な思いをさせてしまったね」

ほとんどの子は「先生が悪いんじゃないですよ」「ちばさと、こっちこそ、ごめんなさい」と笑ってくれたが、中には「何でもありません。大丈夫です」とクールに返す子もいた。どの子にも、俺は頭を下げた。

「こうして頭を下げるのも、なんか大人が形だけやっているように見えるかもしれないけど、ちゃんと見てほしい。ごめんなさい。もっと早く声をかければよかったね」

俺はずっと嫌な思いをしてきた。悩んできた。五組はなかなか俺を受け入れてくれない、と。でも、クラス全体なんていう大きな幻影を見るのではなく、一人ひとりと向き合うべきだった。

俺はずっとつらかった。でも、いちばん身近にいる教員を信用できないと思っていた生徒たちは、もっともっとつらかっただろう。

今までにもクラス担任として気づく機会はたくさんあったはずなのに、俺は一体、何をしていたんだろう。情けない。だから、ちゃんと頭を下げた。中の一人は、「もういいですよ」と笑いながら、俺の頭を両手で摑んで上げさせた。

五組とのつきあいも二年目。三年生の夏以降は、クラスの一人ひとりと笑いながらいろいろな話ができる機会も増えた。ホームルームでも、俺の言うことを熱心に聞いてくれる子が増えてきた。冗談の応酬《おうしゅう》ができる子も出てきた。誕生日も祝ってもらった。

一月に入ると、三年生は午前授業。大学入試に向けて熱が入る。卒業まであとわずか。生徒たちは真面目だから、一人また一人と「あのときは、ごめんなさい」なんて謝りに来てくれる。でも、クラスであったことは、担任が引き受けるべきだ。俺のほうが、ごめんなさい、なんだ。

俺は一人で勝手に「五組はなかなか俺のクラスにならないなぁ」と寂しがっていたが、こんなちばさとに、なんとか合わせようと、生徒一人ひとりは、心の中でどんなに闘ってきたことだろう。

一月の最後の授業日、三年の選択科目「国語表現」。トーク大会をやって、大いに笑ったあとで、生徒たちが立ち上がった。

「ここで、みんなからちばさとにプレゼントがあります」

寄せ書きのカードをもらった。驚いた。たくさんの感謝の言葉。そのとき俺は「ありがとう」と言ったつもりだったが、あとで生徒たちから「何で謝ってたの?」と言われてしまった。

いまはなにをしてもはじめて雪のはらいたいのいたいの飛んでおいでよ

飯田有子『林檎貫通式』

とても嬉しかったし、それと同じくらい胸が痛かった。

三年五組　卒業日記

一月三十一日(金)

三年生は朝から一斉大掃除。わが五組でも、いったい今まで教室のどこに隠されていたんだろう、と思うほどの大量のゴミが出る。俺が、古いプリント類を紐《ひも》で縛《しば》ろうとすると、

「先生、私にやらせてください」と言って、上手に縛ってくれる子がいる。

「じゃ、ゴミ出しをやりますよ。こっちのももっていきましょうか?」

どの子もてきぱきと働いてくれる。物がなくなった教室は白く明るく見える。

明日から自由登校(大学入試の日々)。

二月五日(水)

午前中、小論文の指導。国公立大学の二次試験に向けて、毎日のように小論文がもち込まれる。それを読んで赤ペンを入れる。ペンがどんどんあったかくなる。

私物をロッカーに残していた子が、昼前にやってくる。大学受験のことなどを話す。

午後は読売新聞のS記者が来校。連載記事「母校賛歌」の取材を受ける。若手文化人が高校時代の思い出を語るコーナーだ。俺の母校は横浜市立南高校。作曲家としても名高い高橋勝司先生のもとで吹奏楽に打ち込んでいた。思い出を語り、S記者の質問に熱い気持ちでお答えしたが、話しているうちになぜか体がぐらぐら揺れ始めて……。

早めに退勤させてもらい、いむら診療所へ。伊村医師は、すぐに検査をしてくれた。「イ

ンフルエンザA型です。ちゃんと休むこと」。学校に「一週間ほど欠勤します」と電話すると、

「自由登校期間でよかったね。生徒たちにうつさなくて済んだじゃん」

と言われた。なるほど。

二月十二日(水)

学校に復帰。小論文を見せにきた生徒が四人。急ぎの仕事が三件。生徒会関係の相談が一件。夕方にはクラスの生徒が二人、大学受験のことで相談に来る。昼食のサンドイッチは半分しか食べられなかった。ゆっくり座る暇もない。

でも、今日は忙しさが嬉しい。先生方に「大丈夫?」と言われるたびに、インフルのつらさや治療薬のリレンザがどんなに効いたかを力説した。

仕事が終わっても、普段はなかなか手にとらない研究書を開いたりした。気がつけば準備室に一人きりだった。

二月十六日(日)

大雪のせいでしばらく部活ができなかった。今日は久しぶりの部活。練習後、女子バスケ部から「遅れてしまいましたが」と大量のチョコレートをもらう。そういえば、今年は三年生が自由登校期間に入ってしまったため、俺は生徒からチョコレートなんて一つももらっていなかった(ちばさとは三年生の授業しか受けもっていないのです)。

「よし、来月はお返しをがんばる！　すばらしいお菓子を買ってくるぞ」

俺が宣言すると、女バスの子たちは、

「先生の手作りを期待してますよ」

とさりげなくプレッシャーをかけてきた。

二月十九日(水)

クラスの生徒が相談に来る。国語科準備室のソファーでじっくり話を聞く。二人で「これから出願できる大学」を調べる。最後は「もう少しがんばります」と言って帰っていった。気がつけば三時間もたっていた。

こういうふうにかかわれる日々も、あと少し。

――二月二十三日(日)

午前中はバスケ部。午後は、保土ヶ谷公園「桜高《おうこう》WEEK!」(文化部発表会)の最終日に参加。三時から公園内のカフェで、吹奏楽部顧問のオザワ先生がフルートを演奏する。俺はそのピアノ伴奏を務めるのだ。

先生方が呼び込みをしてくれたおかげで、カフェの椅子はすべて埋まった。モーツァルトのソナタも、マンシーニ・メドレーも好評。曲と曲との間には、オザワ先生が面白い話をしてくれる。

なんと受験を終えた三年生たちも聴きにきてくれた。

「ちばさと、すごく緊張してたでしょ!」

古典とは無縁になりゆく十八歳『奥の細道』読み終えて春

俵万智『かぜのてのひら』

二月二十七日(木)

卒業証書は無事完成。卒業アルバムもクラスごとに積んである。生徒たちに渡すものも揃っている。カロリーメイト(災害時の非常食として用意してあったもの)も、書類作成用の氏名印も、保健調査票も。

二月二十八日(金)

卒業式の予行演習。午前中は三年生だけで、起立や礼のタイミング、学級代表の作法の確認。昼食時には、たくさんの三年生が食堂に押しかけた。

「これが最後の学食だもんね」

食堂の職員さんと一緒に写真を撮る子も。

午後は全校生徒が集まって、第一体育館で最後の予行。朝は冷え冷えとしていた体育館も、今はなんだかあたたかい。入退場のときに吹奏楽部が演奏してくれるが、今日はわざとコミカルな曲(しみじみとした感動的な曲は明日のためにとっておくのだ)。

その後、三年生は第二体育館に大急ぎで移動。

「まずは三年生だけで集まります。先生方は体育館前で待っていてくださいね」

一五分後、三年生の代表が呼びにきた。

「用意ができました。どうぞ」

案内されて第二体育館へ入る。拍手と大歓声。そう、これは三年生たちが企画してくれた、桜丘高校初の「先生の卒業式」なのだ。

三年生の有志が企画し、撮影してくれた「恋するフォーチュンクッキー」ダンスビデオの上映。そして、先生一人ひとりへ卒業証書が授与される。それには丁寧な字で「今までの教育に感謝いたします」と書いてあった。俺は、授与してくれた五組の学級委員マサキとがっちり握手した。

最後は三年生たちの合唱「旅立ちの日に」。そしてみんなで校歌斉唱。

三月一日(土)

白いネクタイがなかなか上手に結べない。いつもより三本早いバスに乗ったのに、もう生徒たちが大勢乗っている。いつものように「おはよう」と言おうとするが、なんとなくお互いに「どうも」なんて言ってしまう。

卒業式が始まるとすぐに担任は緊張の時を迎える。「卒業証書授与」は、担任にとって最後の大仕事「呼名《こめい》」をするときなのだ。

四組まで、どの先生もスムーズに終わらせた。いよいよわが五組だ。

一礼してマイクの前に立つ。まず「五組」と言ったが、響いているこの声は、本当に俺の声なのか。

一人ひとりの名前をゆっくり読み上げる。どの子もはっきりと大きな声で「はい」と言ってくれる。俺はひたすら呼名用名簿を見るようにしていたが、途中で生徒の顔を見てしまった。なんと五組全員が真面目な顔で俺を見ている！　おかげで声が震える。すると生徒たちの「はい」も震える。やばい！　でも、なんとか終えた。

教室に戻って最後のホームルーム。

「今日は、一人ひとりから「お別れの言葉」を言ってもらいます」

出席番号順に指名する。どの子も「みんなと一緒にいられて楽しかった」「五組で本当によかったです」と言ってくれる。

野球部のコウスケが「僕は素敵な大人になります。みんなもなろう」と言うと、みんなほのぼのと笑う。このさわやかさがいい。最後に女子学級委員のミユが「何もかも先生のおかげです」なんて言ってくれる。途中から保護者の方々もホームルームを見にきてくれる。クラスはにぎやかになる。全員の挨拶が終わり、最後の「気をつけ！　礼！」。みんなの頭が大きな波になる。

解散する前に「先生、一緒に撮ってよ」「先生が真ん中になってね」と言われ、五組みんなで写真を撮った。ちばさとがセンターで写ったのは、これが最初で最後。

夕方、国語科準備室前の小さな黒板に一首書いた。

　フォルテとは遠く離れてゆく友に「またね」と叫ぶくらいの強さ
　　　　　　千葉聡『そこにある光と傷と忘れもの』

卒業証書をフォルダーに挟み、普段よりもワイルドな笑顔で帰ってゆく子たちを見ながら、クラスは大きな船だと思った。誰もが、長い船旅を終えたようなすがすがしい顔をしている。

急に大人になったように見える。

クラスは船。一度乗ってしまったら、よほどのことがなければ下船できない。その船の中で自分の居場所を見つけるしかない、と誰もがプレッシャーを感じる。だから、限られたメンバー内でいろいろな力学が発生する。

自分の未熟さがひたすら恥ずかしいが、ちゃんと認めよう。このクラスでは、担任自身が、その力学のもとで苦しむことになった。

だから、俺はちゃんと学んでいこう。五組のみんなは、いろいろな気持ちを見せてくれたのだから。そして俺は、これからも多くの生徒たちに接していくのだから、クラスという船での生活をどう考えていけばいいのか、生徒たちを励ますような、いいアドバイスができるようにしたい。

船にいる人たちが集まると、全体の雰囲気はなんとなく見えてくる。だが、集団のカラーに自分を合わせすぎる必要はない。もし、船の人たちが冷たく感じられたら、その原因を突きとめればいい。自分も、相手も、同じ乗組員。ちゃんと向き合えばなんとかなる。全体ではなくて、一人ひとりを見ること。全体は、正体のつかめない幻みたいなものだから、それに気をとられるより、実体のある一人ひとりを見るべきだ。集団の色を帯びた人ではなく、その人そのものを見るのだ。

どうしても船での生活が厳しくなってきたら、隣を走る船に手を振ってもいい。呼びかけてもいい。誰かが手を振り返してくれる。同じ速度で、同じような荷物を抱えて、隣にも、その隣にも、船が走っているのだから。

だいじなのは、どの船に乗っていても、自分らしさを見失わないこと。船をとめるような危険行為はダメだが、ときにはマストにのぼって遠くを見たり、デッキに寝転んで空を見たり、夕日に向かって歌をうたったりしよう。みんな旅の途中なんだ。力まず、自分を飾らず、思い思いに過ごすべきなんだ。

俺も、遠い遠い空に向かって歌をうたおう。短歌も詠もう。五組のみんなと約束したんだから。「このクラスみんなのためにいい作品を書く」と。よし、名作を書くぞ。

五組という大きな船に乗っていたことを忘れずにいよう。

短歌連作　空賊になって

「プリントを配るよ」と言うと「え？　プリン？」と寝ぼけまなこで言う奴がいる

センターの対策プリント配布するちばさとを見てため息つくな

「センターの前には何かちょーだい」と言うクラスのため買うキットカット

明後日《あさって》はセンター試験「先生にもあげる」と生徒が出すキットカット

国語科のドアに「校内どこかにはいます」と貼って空を見に行く

海賊より空賊がいい　寝転んでこの空を青く青く蹴る男子

今日ここにいない誰かの輪郭を懐かしんでるグラウンドの風

合格の報告なのにユウスケは真面目顔もっと真面目にしてた

卒業式前日　六十六期生みんなが開く「先生の卒業式」

学年の先生みんなに贈られた表彰状の字は右上がり

ハイタッチして去る大山先生と目を赤くしている津田先生

呼名簿に一人ひとりの名を書けばぐんと夜になる小会議室

予行では小声だったのに卒業式本番「はい」の声咲き誇る

うるさくて賑やかすぎるこのクラスと一緒に撮ってもらった写真

教師とは幻　みんなが去ったあと教室に一人影を落として

グラウンドの向こうのビルのもっと向こう　君の見ていた空から風が

第４章

好きな呼び方で友だちを呼ぼう

人間関係を深めるには

千葉くんの友だちは田中くん、高橋くん

桜丘高校には、「神担任」と呼ばれる先生がいる。この人が担任になると、どんなクラスも必ず雰囲気が良くなり、最後にはクラスのみんなが別れを惜しむようになる。それは、進路指導部のカツクラ先生。生徒たちは親しみを込めて「クララ」と呼ぶ。『アルプスの少女ハイジ』のクララは意固地《いこじ》な娘だったが、クララ先生は朗らかだ。

あるときクララ先生に「クラス担任としての極意を教えてください」とお願いしたら、逆に質問された。

「千葉先生、高校時代に、クラスで仲の良かった友だちの名前を覚えてますか」

「覚えてますよ。田中、高橋、土屋……」

「ほらね」

クララ先生の目が面白そうに光る。

「千葉先生があげた名前は、五十音順の出席番号で「チバ」に近いものばかりでしょ？

つまり、クラスが始まったばかりのとき、出席番号順に並ぶことが多いですよね。最初に話しかけて仲良くなったのは、すぐ近くにいた子だったんですね」

そうだ。そのとおりだ。高校だけじゃない。大学で最初に仲良くなったのはタニガワくんだった。中学校で最初に親しくなったのは、タカハシくんとナカザトくんだった。小学生だったときに仲良くしてくれたタナカくんは、今どうしているだろう。幼稚園で友だちだったツモトくんは……。

お遊戯がおぼえられない君のため瞬くだけでいい星の役
お遊戯がおぼえられない僕のため嘶くだけでいい馬の役

穂村弘『ドライ ドライ アイス』

「人って、クラスで最初にできた友だちをとても大切にするんですよ。だから、学生時代に多くの人が、出席番号の近い人と仲良くなるんです。それはとてもいいことだけれど、もっと友だちの輪を広げるために、出席番号順にとらわれずに掃除当番や委員を決めたり、いろいろなやり方で席替えをしたりして、早いうちからいろいろな子と交流できるようにしたほうがいいんですよ。それだけで交際範囲が広がって、クラスは明るくなります」

さすが神担任。クララ先生の言葉に、俺は深くうなずいた。

名字ではなく名前を呼ぼう

クラスを受け持つと、最初に考えるのが「生徒をどう呼ぶか」だ。普通は、阿部、加藤、渡辺など、名字を呼ぶだろう。名字だけで呼んだり、名字に「さん」や「くん」をつけたりする。

だが、クラスに「後藤が二人いる」「佐藤が三人いる」というケースは珍しくない。

そこで、俺は考えた。自分のクラスの生徒たちは、「さん」や「くん」をつけないで呼びたい。身内のように、親しく迎えたいのだ。そして、名字ではなく名前で呼ぶことにしよう。

名字はファミリーネームだから、それを呼び捨てにするのはご家族に対して失礼だ。だいたい、三者面談で、タナカユウタくんの保護者を前にして「タナカはこの頃がんばっていますよ」なんて話すのは変だ。だって、保護者もタナカなんだから。じゃ、そのときだけ「ユウタは」と言うのか？　なんか、そういう「そのときだけ」というのは、あまり好きじゃない。俺が中学生だった頃、学校でいちばん若くて人気者だった先生は、お気に入りの生徒だけを名前で呼んでいた。他の多数の生徒は、名字で呼び捨てだった。俺は、それがとても嫌だった。

生徒の接し方に温度差があってはいけない。俺は全員を同じように名前で呼ぼう。横浜市の教員になって、初任の上菅田中学校で、俺は「名前呼び」を始めた。マサ、エミリ、ハルナ、リョウタ、サクラコ、リュウト、アカネ、アオイ、カズキ……。最初はとまどう子もいたが、すぐに慣れてくれた。いつもおとなしくて、クラスでいちばん真面目だと言われていたある女子が、卒業する直前に話しかけてくれた。

「ちばさとのクラスで良かった。私、幼稚園の頃からずっと真面目だと思われていたから、先生にも友だちにも、名字に「さん」をつけて呼ばれていました。まわりの子たちが名前で呼び合っているのがうらやましくて仕方なかった。名字に「さん」をつけて呼ばれると、それだけで距離をおかれているように感じるんですよ。でも、ちばさとがクラスみんなを同じように名前で呼んでくれたから、私もこのクラスで、友だちから名前で呼ばれるようになりました。本音トークもできるようになりました。ありがとうございました」

わるくちを言いあいながらやってくる春と睑のやさしい友と
服部真里子『行け広野へと』

また、卒業式のあとで、保護者から声をかけられたこともあった。
「私は田舎で育ったので、中学校のクラスの半分は同じ名字でした。だから担任の先生が全員を名前で呼んでくれて、クラスが大きな家族みたいでした。とってもあったかいクラスでした。ちばさと先生もクラスのみんなを名前で呼んでくれていると知って、とても嬉しかったです。うちの子を名前で呼んでくれたのは、ちばさと先生だけです」

これの世の奇跡のやうな平凡事すこやかにけふ子は卒業す
小島ゆかり『希望』

保護者から握手を求められたのは、それが初めてだった。強い握手だった。
上菅田中学校で最初に送り出した卒業生は、今でもいろいろな機会に声をかけてくれる。

あるとき、クラスでいちばんにぎやかだった女の子が電話をくれた。

「なんだか先生の声が聞きたくなって……。ちばさとに名前を呼んでもらうと、中学生のときに戻れるような気がするんです。私は結婚してから名字も変わったし、子どもが生まれてからは、まわりから「ユウタのママ」とか「ユウタママ」とか呼ばれるようになったし。大人になると、私の名前なんて消えてしまうんですよね。だから久しぶりに、ちばさとの声で名前を呼んでもらいたいな、と思ったんです」

思いがけず長電話になった。思い出話をするうちに、彼女は元気を取り戻したようだった。それ以上に、俺が元気をもらった。

「呼び名自己申告制」を始める

やがて上菅田中学校から戸塚高校に転勤しても「名前呼び」を続けた。人の名前は、親からもらった最初のプレゼントであり、それだけで完結した一編の詩だ。生徒の名前を呼びながら、一人ひとりに向けられた思いの深さを実感することもあった。

そんなふうに定着しつつあった「名前呼び」だが、やがて壁にぶち当たった。名前が似ているケースが増えてきたのだ。「タナカユウカ」と「タナカユウタ」が同じクラスだったり、「サトウミユ」と「サトウミウ」が並んでいたりする。「ユウカ」と「ユウタ」は、最後の一音になるまで気が抜けない。呼び始めると、二人がじっと身構えることになる。「ミユ」と「ミウ」は、どんなに気をつけて発音しても、なかなか区別できない。

いろいろ考えた末、生徒たちに聞いてみることにした。すると生徒たちは「あだ名で呼べばいいじゃん」と言った。

「あだ名かぁ。あだ名だと、失礼な呼び方になっちゃうこともあるしなぁ……」

「大丈夫。本人が「こう呼ばれたいな」っていうあだ名を自己申告すればいいよ」

なるほど。そうか。

それから俺は、自分のクラスで「呼び名自己申告制」を始めた。まずは担任として「基本的には全員を名前で呼びたい」と話す。そのあとで付け加える。

「でも、自分で「こう呼ばれたいな」という呼び名があったら、遠慮なく申請してほしい」

生徒たちはざわめく。

「どんな呼び名でもいいの?」

「下品な言葉や、人権上問題のあるような呼び名はダメだよ。みんなが大人になったときに、高校時代のその呼び方を懐かしいと感じられるような、すばらしい呼び名を提案してほしいんだ」

戸塚高校でも、桜丘高校に来てからも、「呼び名自己申告制」を続けているが、順調だ。生徒たちはよく考えて、ユーモアやあたたかさが感じられる呼び名を提案してくれる。サッチ、イワジュン、トミー、ケンちゃん……。

そういう生徒たちの発想力にささえられている毎日だ。

呼び名をプロデュースしよう

高校三年の文化祭を終え、受験モードに切り替えたモニカが、古典の問題集を片手に、質問に来た。そのとき言った。

「文化祭、とっても楽しかった。でも、それは、特に何か大きなことがあったんじゃなくて、看板に絵を描きながらおしゃべりしたとか、テントをみんなで片づけたりしたとか、そういうことが嬉しかったな」

「じゃ、もう一度、看板をつくろうか。テントを片づけようか」

俺が真面目に答えると、モニカは苦笑した。

「先生は、分かってないね。作業そのものじゃなくて、みんなとおしゃべりできたことが良かったの」

「おしゃべりなんて、いつでもしてるじゃん」

「そうじゃなくて……」

モニカは俺の背中を叩いた。

「先生は、本当に分かってないね。あたしは、今まであまり話したことのなかった子たちとおしゃべりできたことが楽しかったの。いろんなことを話しているうちに、その子たちがあたしのことを「モニちゃん」とか、「モニー」と呼ぶようになったんだ。それが最高に嬉しかったんだ」

そう言ってモニーは明るく去っていった。

クラスの雰囲気が明るくて、生徒たちがにぎやかに過ごしているように見えても、どの子もいつも同じメンバーとかかわり、同じパターンで生活している。モニカも、「超」が二〇も三〇もつくくらいの元気娘だが、一日の大半は、仲良しグループとのかかわりで終わっていたのだろう。仲良しグループはあっていい。そこが人間関係の基本だ。でも、そこから踏み出せず、窮屈な思いをすることもあるだろう。他にも話しかけたい相手がいるのに、なかなか話せないことも……。

とおき日の校庭に立つ砂嵐きみに言わない言葉のかずかず

小島なお『サリンジャーは死んでしまった』

高校生には、仲良しグループだけでなく、他にも、自分の居心地のいい場所をつくってもらいたい。モニカを「モニー」と呼んだ子たちのように、誰かを親しく呼んで、交際範囲を広げてもらいたい。

いい呼び名は、人間関係をプロデュースすることにつながるのだ。

その後、俺がクラスで、モニカを「モニー」と呼んだら、モニカは怒った。

「先生は、ちゃんとモニカと呼んでください。「モニー」っていう呼び方は、特別なんですからね」

だが、卒業するときの寄せ書きには、こう書いてくれた。
「ちばさと先生、ありがとうございました。もう、モニーと呼んでもいいですよ」

青麦の畑を走りゆく風の呼びとめられぬきみの背《せな》かな

横山未来子『樹下のひとりの眠りのために』

短歌連作　横浜駅西口にて

キーボードとギターを運ぶ青年はまだ夏くさくない風を吸う

長髪と短髪、茶髪《ちゃぱつ》、三人の路上ライブは夕暮れの中

横浜駅西口交番前あたり誰もが何かを待つ顔をして

君は来ない、きっと来ないと知っていてそれでも待っている俺である

陽は落ちて俺は夜へと押し出され路上ライブは始まったばかり

ふと耳に入った「君がいた」なんて歌詞が突き刺す　俺の駄目さを

夜風にも形はあって人を待つ心にはまるひとときがある

スープ屋のスープを持った少女たち　路上ライブを聴かずに過ぎる

「ごめん。やっぱ行けない」答え合わせ的メールであっても届いて嬉しい

優しさは辛い心が生んだもの　俺のメールは超優しいか？

帰る人、ここに来た人、行くあてのない人、みんなを抱け音楽よ

ライブ終えじゃれ合う青年　さよならの形に揺れているキーボード

第５章

「友情」と「恋愛」は永遠の練習問題

どちらにも正解はありません

「名前で呼んでくれるんですよね」

大切に名前を呼び続けてきた三年五組の生徒たちが卒業した。感傷にひたる暇もなく、また新しい生徒たちを迎える春。卒業生のあの子やこの子によく似た顔を、新入生のクラスで見かける。

「先生は、ちばさと先生って呼ばれているんですよね。僕らのことを名前で呼んでくれるんですよね」

卒業生の弟や妹たちが、いたずらっ子の顔をして、俺に笑いかけてくれる。

「そうだよ。誰の弟、誰の妹というんじゃなくて、一人ひとりを認識するためにも、名前で呼んだほうがいいだろ?」

つられて俺も笑顔になる。

一年四組の担任になった。一八歳を相手にしていた俺の目には、一五歳がなんて幼く見えることか。新入生オリエンテーションのあとで、「これからよろしく。一緒にがんばろう」

という気持ちをこめて、刊行したばかりの『今日の放課後、短歌部へ！』（第四歌集。エッセイを多数収録）をクラス全員に贈った。

「これ、先生が書いた本？」

「これって、ちゃんと本屋さんで売られている本みたい」

一五歳たちは大いに騒いでくれる。

「そうだよ。売られているよ」

くすぐったい思いで答える俺。とにかく喜んでもらえてよかった！

先生がとれそうな賞

入学式から二週間もたつと、静かだった教室がだんだんにぎやかになっていく。放課後には大きなバッグを肩からさげて、サッカー部やバスケ部の練習へと急ぐ姿を見かける。そんな男子たちが、声をかけてくれた。

「先生が書いた本は、本屋大賞にならないんですか？」

ああ今年も来た！　毎年四月上旬、本屋大賞が発表され、テレビのニュースで大々的に報じられると、必ず生徒たちが言うのだ。「ちばさとは、いつ本屋大賞をとるの？」と。

「本屋大賞は小説に贈られる賞だからね。俺の書いたのは、短歌の本だから」

シンプルに答える。少年たちは「そうかぁ。残念」と言う。

だが、それで終わらなかった。数日後の昼休み、マサトが声をかけてくれた。

「短歌の本に贈られる賞もありますよね。ちばさと先生がとれそうな短歌の賞を調べてみたんですけど……」

彼が差し出したスマホの画面には、歌集や歌書を対象とした数々の賞が並んでいた。そのうちのいくつかは俺も知っている。すごい！　ネット検索してくれたんだ。

「調べてくれて、ありがとう」

「いえいえ。それで、どの賞がもらえそうですか？」

「いや、その、なんというか……」

俺は曖昧《あいまい》に笑って流そうとしたが、マサトの瞳はますます真面目になる。俺はふーっと息を吐《は》いた。

「嬉しいんだけど、きっと俺は賞をもらえないよ」

「どうしてですか？」

「こういう賞は、もっと有名な歌人がもらうものだから」

「ネットでは、「千葉聡」も「ちばさと」も、結構知られていますよ」

「いやいや、まだまだ力不足だよ。それに、こういう賞は、もっと年上の歌人がもらうものだから」

「そんなことないですよ。この○○賞を去年もらった人って、先生よりずっと年下じゃないですか！」

マサトは「これもネットで調べたんですけど」と言いながら、手書きのメモを見せてくれた。寺山修司短歌賞や前川佐美雄賞などの歴代受賞者（受賞時の年齢も）と、選考委員の名前が書いてあった。超有名歌人の一覧だ。さすが高校生。ここまでリサーチしてくれるなんて！

「こういう選考委員の人たちって、先生の知り合いですか？」

「いや、歌人の会合で挨拶くらいはしたことがあるけど、知り合いってほどじゃ……」

「じゃ、まず知り合いになって、親しくなりましょうよ。千葉聡をよく知ってもらって、受賞のチャンスを広げましょう。本さえ読んでもらえたら、きっと先生の良さが分かってもらえると思うんですけど」

マサトは、俺のコーチになったような口ぶりで続けた。

「ちばさと先生、自信をもってください。気持ちで負けちゃダメですよ。先生のくれた『短歌部』の本は、一気に読めました。すっごく面白かったです。きっと賞がもらえますよ。他のやつらも、そう言ってました。がんばるって約束してください」

もう俺は「ありがとう。がんばる」と言うしかない。マサトは、こくっとうなずくと、騒いでいる友だちのところへ戻っていった。

約束をするのが下手なぼくたちだ手のひらの影だけを重ねて

山田航『さよならバグ・チルドレン』

だが、申し訳ないけれど、俺には自信がない。『短歌部』も、その前の『飛び跳ねる教室』も、いろいろな新聞や雑誌やテレビ番組で紹介されたし、多くの書店で平積みにしてもらった。「面白かった」という読者の声もたくさん寄せられた。売れ行きも悪くなかった。それでも賞はもらえない。新人賞でデビューしてから一五年、ちばさとは賞とは無縁だった。自分が歌人として、まだまだ力不足であることは、十分承知している。

でも、どうして生徒たちは、ここまで賞にこだわるのだろう。謎《なぞ》だ。

本屋大賞だけではない。芥川賞・直木賞がニュースになる時期にも、必ず誰かが「先生もそろそろ賞を」と言う。生徒の声で文学賞のシーズンだと気づく今日この頃である。

大縄跳び大会のあとで

四月最後の金曜日、学年集会で「大縄跳び大会」が行われた。クラス全員が縄跳びに参加し、連続して何回跳べるかを競う。

体育委員が作成した大会要項には「どのクラスも必ず担任が参加すること」と書いてあった。俺はトレーニングウェアに着替え、本番前の練習に加わった。正直、俺が加わると、跳べる回数が大幅に減る。へらへら笑いながら「やっぱ無理だよ」と抜けようとすると、女子たちが厳しい目つきになった。

「委員が「担任も参加」って言ってたでしょ？　先生、やらないとダメだよ」

「だって担任が入っていないクラスもあるじゃん」

「それは、他のクラスには、他のクラスの事情があるんでしょ。うちらは、ちゃんと正しいやり方で勝たないとダメだよ」

そう言われたら言い逃れできない。やるしかない！　一念発起《いちねんほっき》して跳び始めると、どういうわけか足に縄が引っかからなくなった。

「先生、やるじゃん！」

「ちばさと、がんばって！」

本番では、大声で笑ったり叫んだり、応援し合ったり。とにかく大騒ぎ。エネルギー大放出のお祭りだ。

ならべるとひどいことばにみえてくる頑張れ笑え負けるな生きろ
岡野大嗣『サイレンと犀』

結果、わが四組は二位。一位のクラスとは僅差だった。表彰状をもらうときには、四組みんなで大騒ぎした。解散前にクラス全員で記念写真を撮った。

「良かったね。ちばさとに準優勝をプレゼントしてあげられたね」

体育館から校舎に向かうとき、そんなことを言っている子たちがいて、つい涙がこぼれそうになる。

「次は、ちばさと自身にいいことがあるといいね」

「じゃ、やっぱり本で賞をとってもらうしかないじゃん」

前を歩いている女子たちは、俺に気づかずに話している。俺は、はっとした。そうか。そういうことだったのか。

教員は、生徒を好きになるのが仕事だ。彼らを守り、あたたかく導く。担任であれば、クラス全員の味方になる。部顧問であれば、部員をとことんだいじにする。

だから俺は、生徒のことでいつも喜んできた。入学おめでとう。誕生日おめでとう。テスト、がんばったね。練習、よくやってるじゃん。試合、すごかったね。生徒のことを自分のことのように喜ぶのが、自分の役目だと思っていた。一年四組でも、入学式から毎日のように喜び続けてきた。

その一方で、生徒たちは逆に「ちばさとのことで生徒たちが喜ぶ」ということをしたいと思っていたのだろう。

なんてやさしい生徒たち！

こんなふうに思ってくれただけで、もう十分だ。この気持ちこそが、数々の短歌賞よりも輝く、俺にとっての「賞」だ。

『伊勢物語』をもとに恋を語れば

高一の国語の教科書にたいてい載っている名作中の名作、といえば『伊勢物語』だ。一学期の後半、わが四組の授業でも『伊勢物語』を読んだ。

「先生、ちょっと質問があるんですけど……」

放課後、教室の窓を閉めていたとき、セリナに声をかけられた。委員会でまとめ役をやってくれる真面目な女子だ。そのまま教室の隅で、少し離れた席に座って話を聞いた。

「先生が授業で話していた恋のことですけど……」

え？　俺、恋の話なんてしたっけ？　それが『伊勢物語』のことだと気づくまでに、ちょっと時間がかかった。

白玉か何ぞと人の問ひし時露と答へて消えなましものを

物語の中の「男」が詠んだ歌『伊勢物語』

（歌意　「あそこに見えるのは真珠かしら。他の何かかしら」とあの人が尋ねたときに、「草の上についている露だよ」と答えて、そのときにあの人と一緒に、露が消えるように死んでしまえばよかったのに。いとしい人を失った悲しみの中で詠まれた歌）

物語の中の「男」のモデルは、超イケメン歌人、在原業平《ありわらのなりひら》だという。その「男」はさまざまな恋を経て、大人になっていく。『伊勢物語』には、せつない恋、つらい恋の物語が多い。

セリナはゆっくり切り出した。

「先生、物語の中の「男」は、好きな人と両思いになって幸せだったけど、すぐにつらい別れを味わったでしょ。この「男」は、そのあと幸せになったんでしょうか」

答えにくい質問だ。なんとか言葉をひねり出す。

「物語の「男」は、恋をすることで成長したんだと思うよ。でも、恋によってつらい思いをしてばかりだったと思う」

「先生、物語の恋って、つらいことばかりですよね。心のすれ違い、裏切り、邪魔者の出現、恋人の死。どんな幸せなラブストーリーでも、最後だけが幸せで、そうなるまでは長く不幸ですし」

「そうだね。だいたい恋をするってこと自体が、大変な大仕事なんだよ。物語を読むと、誰かを思うがゆえの苦しさばかり書いてあるし」

「物語の場合、主人公が誰かを好きになると、必ずつらい気持ちになりますよね。どうしてなんですか。好きになってハッピー、っていうパターンの物語はないんでしょうか。恋をしたら誰だって幸せになりたいですよね」

「うん。なぜか物語の場合、主人公の多くは、恋心をいだくと、初めは近くにいられるだけで満足していたのに、そのうち思いがどんどん強くなってしまって、相手のすべてを独占したいと思うようになるよね。不幸なのは、その独占欲のせいじゃないかな。でも、独占したくなるのは、自然なことだと思うけど……」

プリントを後ろに回すときにだけ吾に伸べられる指先白し

寺井龍哉

これはゲームだと思った。「物語の場合」という設定にして、照れくささを消しながら、じつは自分自身の恋愛観を語っているのだ。

学校って、つくづく面白い場所だ。一五歳の少女が、四十男に向かって恋を語るなんて、学校以外の場所ではありえない。それが、ここでは「物語の場合は」なんて言いながら、こんな二人が真剣に恋愛談義に興じている。

あなたがひとを好きになる理由はすてき森がみぞれの色に透けてく

雪舟えま『たんぽるぽる』

どうやらセリナには、生まれて初めて好きな人ができたらしい。まだ告白してはいないが、どうやら相手もセリナのことを好きらしい。でも、お互いに好きだと認め合ってしまったらつらいことが始まるんじゃないか。セリナはそんなふうに悩んでいる。

じゃ、俺もちゃんと話そう。「物語の場合は」という舞台衣装を着るけれど、セリナがここまで真剣に話してくれたんだから、俺も正直に答えないと！　自分自身の高校時代の片思い。大人になってからの少しシリアスな恋。そこで学んだこと。両思いになるということと、つきあい続けることは、全く違う。後者は、ものすごく心のエネルギーを消費する。

一五歳の少女が大人の恋愛なんかに興味をいだくはずはない、と思っていたが、なんとセリナはいたって真面目な顔で話を聞いてくれた。

「先生もいろいろつらい思いをしたんだよね。その気持ち、分かる、分かる。そういう気持ちは男も女も、大人も子どもも、みんな同じなんだろうね」

「セリナもさ、思い切って進んでみればいいよ。つらいことも含めて恋だと思う」

「ちばさと先生もがんばってね。っていうか、お互いがんばろうね」

いつの間にか「物語の場合」は省略され、だいぶ年齢差のあるアンとダイアナが励まし合っていた。窓の外には深いオレンジ色の空が見えた。

これこそ歌の力、物語の力だと思う。『伊勢物語』の歌をきっかけにして、物語の形を借りて、先生と生徒が本音で語り合えた。文学が、人に、ありのままの心を見せるチャンスをくれたのだ。

一学期の期末テスト前、帰り道でセリナを見かけた。重そうなカバンを背負った野球部の男子と一緒に歩いていた。俺に気づいた男子は、真面目に頭を下げた。セリナは胸のあたりで小さく手を振った。

恋愛尊重法を制定したい

期末テストが終わると、夏休みまでカウントダウンだ。その日は家で用事があった。部活を終え、慌ただしく学校を出て、バス停まで急いでいると、見知らぬ年配の女性に声をかけられた。

「あなた、桜丘の先生ですか？　先生ですよね？」

問い詰めるような口調だ。

「はい。そうですが……」

この女性、なぜか怒ったような顔をしている。

「私、この近所の者ですが、昨日の夕方、桜丘の生徒二人がこのあたりを歩いているのを見かけたんです」

そりゃ、もちろん生徒たちはこの道を通って帰るだろう。そんなの普通だ。俺がポカンとしていると、女性はますます険しい顔になった。

「それでですね、先生、その二人は手をつないでいたんですよ！」

手をつなぐなんて、小学生っぽいけど、きっと仲良し同士がふざけて手をつないだのだろう。微笑ましいじゃないですか！　俺はにっこりしてしまう。

「先生、とんでもないと思わないんですか？　その二人は男子と女子のカップルだったんですよ！　本当にいやらしい！　男女が公道で手をつないで歩くなんて」

そうか。カップルだったのか。

「それのどこがいやらしいんですか？　好きな者同士であれば手ぐらいつなぎますよ。自然なことじゃないですか！　いやらしいのは、そう思うあなたのほうですよ！」

声を大にしてそう言いたかったが、言わなかった。この女性はかなり怒っているみたいだ。とりあえず話をうかがったほうがいいだろう。

夜道ゆく君と手と手が触れ合ふたび我は清くも醜くもなる

栗木京子『水惑星』

「その二人の生徒は、何か目に余るようなおかしな行為をしていたんですか？」

「先生、男子のほうがね、つないだ手を自分の頬に押し当てるようにして、女の子の手の匂いを嗅いでいたんですよ。もしかしたら手にキスしていたかも！」

そんなことをする生徒がいるだろうか？　とにかくその場は、一度深く息を吸ってから、「目に余るような行為がないように注意をしておきます」

とかなんとか言っておいた。乗るはずだったバスは、とっくに行ってしまった。


もう一度考え直さねばならぬ　ワンブロックごとにほどける靴紐

中沢直人『極圏の光』

翌日、朝のホームルームでこの話をすると、生徒たちは大笑い。

「つないだ手の匂いを嗅ぐなんて、そんなことをするやつはいませんよ」

「手にキスなんて、そんなキモいこと、する訳ないでしょ！」

俺も同じように思う。桜丘の生徒が、そんなことをするはずはない。昨日の女性は、俺があまり関心を示さなかったので、わざと大げさに言ったのかもしれない。

だが、ここで「人目につくところでイチャイチャするなよ」と注意するのは、なんかおかしい。「人目につかないところに隠れていれば、何をしてもいい」と言うのと同じになる。それなら、「どんな場所でも手をつないではいけない」と注意すればいいのか。それもおかしい。そんな恋愛禁止令のような言い方は、非人間的だ。人の心の中に手を突っ込んで、無理やり整理《せいり》整頓《せいとん》しようとしているみたいで、非常に不快だ。

クラスの生徒たちは、俺の顔をじっと見ている。考えのまとまらない俺を見守っている。よし、ここは率直に話すしかない！

「俺はみんなに、恋愛を大切にしてもらいたいと思うよ。自分とはいろいろな面で違っている誰かを、心から好きになるのって、とても尊いことだよね。だから、誰かを好きになったら、その気持ちを第三者に否定されないように、だいじに守ってもらいたい。よく考えて、生活指導なんかの対象にならないように、相手も自分もだいじにできるように行動してもらいたい」

うなずきながら聞いている子がいる。俺は声に力を込めた。

「それから、他の人の恋愛をバカにしてはいけない。俺は「恋愛尊重法」を制定したほうがいいと思うんだ。誰かを好きになると、いろいろと大変だ。付き合いはじめると、もっと大変なことが増える。大変なことだらけだから、尊重してもらいたいんだ。恋愛は、誰にとってもだいじなこと。誰のどんな思いも、尊重されるべきなんだよ。人の恋愛にケチをつけることは、やってはいけないんだ。そして、恋愛をするんだったら、相手も自分もだいじにして、他の人からもだいじにされるようにしてもらいたい。その恋愛のおかげで、まわりのみんなが明るくなる。そんな恋愛をめざしてもらいたい」

対岸をつまずきながらゆく君の遠い片手に触りたかった
永田紅『日輪』

昨日の女性が悪いのだと決めつけたいのではない。ただ、昨日のような苦情は、もうなくしたい。一つの恋心を汚したくない。心からそう思う。

ホームルームを終えると、普段はもの静かな男子が声をかけてくれた。

「先生、恋愛だけじゃなく、「友情尊重法」も制定していただきたいです。今日の先生の話は、そのまま友情にもあてはまると思います」

そして、このあと、俺は友情の重みを実感することになる。

ライバルは最高の友人

数年前、テレビのスポーツニュースの中で、あるサッカー選手の「練習ノート」を取り上げていた。国際試合でもプレーする彼は、毎日、サッカーを通して気づいたことをノートに詳細に記録するのだという。画面にはノートの一部が映っていたが、それは詳しくて分析的で、なにより一目で情熱が感じられるものだった。

二学期になってしばらくして、俺は中庭でノートを拾った。表紙には何も書いていない。めくってみると、サッカー部の部員の名前が目に飛び込んできた。しかも、それぞれの選手のプレー上の長所や短所が詳しく書いてある！

「これ、落とさなかった？」

サッカー部のマネージャーに聞いてみたが「私のノートじゃありません」との返事。夕方、俺がサッカー部の部室のあたりをうろうろしていたら、ある男子が寄ってきた。

「すみません。そのノート、僕のです」

そうか。よかった。つい聞いてみた。

「誰のか分からなかったから、少し中を見せてもらったんだけど、これは練習ノートだよね。どうしてチームメートの分析をこんなに詳しく書いたの？」

彼は一瞬目を伏せたが、すぐに俺に向き直った。

「先生、笑わないでくださいね。僕はサッカーでは誰にも負けたくないんです。そして、僕が認めるチームメートは、僕なんかにあっさり負けてもらいたくないんです。今、部の中に、僕が手強いライバルだと認めているやつが何人かいます。彼らにも向上心をもって練習してもらいたいと思って、彼らのことを分析してみたんです。この前、彼らにも、このノートを読んでもらいました。だからこれ、とってもだいじなノートなんです。見つけてくださり、ありがとうございました」

俺は彼にノートを返した。表彰状を渡すときのように、両手で渡した。ライバルという名の、友情のいちばん尊い姿を、彼に教えてもらった。彼はもう一度丁寧にお礼を述べてくれたが、俺は逆に彼にお礼を言った。

夕焼けを見上げる君に花が、ただ一輪の花が届きますよう

中島裕介『Starving Stargazer』

思えば、「短歌の賞をとってください」と言ってくれた生徒たちは、俺をライバルだと認めてくれたのかもしれない。だから彼らは「本を刊行できて良かった。おめでとう」ではなく、俺に対して「これからももっとがんばれ」「今後もっと成長してほしい」「一緒に成長しよう」という願いを示してくれたのだ。

完成形でなく、進行形。こんなに歳の離れた俺が今後成長するということを、強く信じてくれたのだ。

一〇代後半の若者にとっての二大関心事は、友情と恋愛だ。どちらも避けては通れない。求められる答えは一つではない。また、一つの答えを出しても、その後次々と新たな問題が見つかる。分厚い練習問題のドリルをめくり続けるような日々だ。

一年四組は、一月末の合唱コンクールで優勝した。見事な歌声だった。そして、どのクラスよりものびのびと歌っていた。俺は発表を聞いて少し泣いてしまった。

三月下旬、このクラスの最後の日。俺が少し遅れて教室に入ると、クラス全員が起立して、合唱コンクールで優勝したときの自由曲を歌ってくれた。俺は泣き笑いしながら、みんなと一緒に歌った。

合唱のあとで、クラス全員の寄せ書きメッセージをもらった。そこには、「ちばさとありがとう」と同じくらい「ちばさとこれからもがんばってね」「来年度も一緒にがんばりましょう」というメッセージが書いてあった。

俺にとって、彼らは単なる教え子ではない。ライバルだ。

短歌連作　海の底のにぎやかなカフェ

しりとりの次の言葉を言うように「ガムテ」「ガムテ」の声あちこちに

三方をガムテで固定されたあと深海色に染まる段ボール

水性のペンキを買いに出た子から「彗星ペンキがない」とメールが

「ちばさとー、ハンコください」物品の借用書二枚　担任印押す

返却の「期日」を「忌日」と書く書類　平安貴族の物忌みである

担任印押すこと、最後に見回ること、他には仕事のないちばさとだ

海色に塗ったところにドライヤー当てる係の男子三人

うつむいて紙切る少女　屈託を RADWIMPS に代弁させて

この世界すべてと戦うクーラーをつけっぱなしでドア全開で

教室の隅に積まれた段ボールなどは無視する普通授業日

文化祭準備期間に突入し絵の具の手で食うパンとおにぎり

しゃがみこみミズミが描いた海底の城の尖塔高く高くあれ

他クラスの少年画伯も参加して黒板に描き出される人魚姫《アリエル》

最終下校過ぎ駆けてゆく白バッグ　お守り（友情入り）ぶら下げて

短歌とは今だけの今のこの子らの吐息《とい き》のあたたかさをうたうこと

クレープと蒸しパン百個運びこみ海底のカフェただいま開店

第６章

いちばんの味方、いちばんの敵

親と出会い直す

子育てはツッコミ力で

チャイムが鳴ったら次の授業。夜七時になったら全員帰りなさい。学校という場所は、時間どおりに進んでいく。穏やかでやさしい子の多かった一年四組の解散を惜しむのは三月三一日まで。気持ちを切り替えなければいけない。

四月になると、引き続きこの学年の職員として、二年一組の担任になった。初日から大声で笑い、教室の後ろのほうでふざけたりする、超にぎやかクラス。一組のみんなを見ていると、「ここは向日葵《ひまわり》の咲き誇る草原か」と思う。

夏休みに入る前に三者面談が行われる。学校での生徒の様子を保護者に伝え、褒《ほ》めるべきところはちゃんと褒める。その後、じっくりと進路について話す。いわゆる「○○大学をめざすなら、もっと勉強しないと」という話だ。

「ヒロムくんは、しっかりしています。ホームルームでもいい意見を出してくれました」

俺が褒めると、すかさずお母さんが遮《さえぎ》る。

「先生、この子は家では、もう本当にだらしないんですよ」

「まあ、それだけ家がリラックスできるいい場所だということですよ」

俺が微笑んでも、お母さんは真顔だ。

「もちろんリラックスするのはいいんですけど、そればっかりでも困ります。リラックスというのは、シャキッとしたあとでやることでしょ？　これからは、もっとシャキッと勉強してもらわないと。今やるか、やらないかで、将来が大きく変わるんですから」

その口調は「今でしょ」の林修先生よりも熱い。お母さんはわが子のほうを向く。

「いい？　先生の前で約束しなさい。これからは受験生としてちゃんとがんばります。卒業まで遅刻はしません。家の手伝いもします」

向日葵がうなずくと、お母さんはツッコミを入れる。

「うなずくだけじゃなくて、ちゃんと答えなさい」

「じゃ、「イエス！」で」

「欧米か！」

向日葵は金の油を身にあびてゆらりと高し日のちひささよ

前田夕暮『生くる日に』

結局、すべてを、お母さんに言われてしまう。俺はうなずくしかない。

「お母さん、ツッコミ力《りょく》をおもちですね。私はこうして教員になってから、何百人ものお母さんにお会いしていますが、いい生徒のお母さんって、みなさんツッコミ力をおもちなんですよね」

ようやくお母さんは笑顔になる。

「うちの子がいいかどうかは分かりませんが、子育ては長い闘いですから、力がつきますよ。気力と体力。学校で何かあるようでしたら、いつでもお電話ください。熱心にご指導いただき、千葉先生のことは信じています。先生はたくさんの生徒さんを預かっていらして大変なんですから、うちの子のことぐらいは私がしっかりやらせていただきます。どうかこれからもよろしくお願いします」

親のツッコミがどんなに厳しくても、嫌がる生徒はいない。むしろ親が正しいことを、きっぱりと爽《さわ》やかに言ってくれることに、子どもはどこか安心しているのだろう。ラインマーカーをご用意いただきたい。この「きっぱりと爽やかに」が重要なのだ。

かくして、三つの頭がペコリと下がって、三者面談は終わる。

それにしても、うちのクラスの保護者はツッコミ力のある人ばかり。このパワーのおかげで、見事な向日葵畑が完成したのだ。

いつか俺は『子育てはツッコミ力で』という本を書くかもしれない。

親は友だち

バスケ部の試合にも、たくさんの保護者が応援に来てくれるようになった。ツチダ監督とコーチのイシマルさんの熱心な指導のおかげで、男女ともチームが勝てるようになり、土日には連続して公式戦が入るようになった。保護者のみなさんにとっては、平日は会社などで働き、ようやくのんびりできる土日なのに、わざわざバスケの試合を見にきてくださる。どの高校と対戦しても、桜丘の応援のほうが明らかに人数が多く、しかも華やかだ。

部員たちのお父さん、お母さんというと、俺と同世代だ。

「千葉先生、がんばってくださいね」

すっかり仲良くなったお父さんが、試合前に声をかけてくれる。

「ありがとうございます。でも、試合に出るのは部員たちですし、立派な監督もコーチもいます。私なんて、ベンチに座っているだけの副顧問ですから」

俺のようなバスケを知らない副顧問でも、大会によっては、アシスタントコーチとしてベンチに入る。神聖なベンチに座らせてもらうなんて、なんだか申し訳ない。

「いえいえ。千葉先生は毎日部活に来て、いつも部員たちと一緒にトレーニングして、走って、励ましてくれるじゃないですか。それに、相手チームには作家はいませんよ」

そのお父さんは、息子さんによく似た笑顔を向けてくれた。

強いチームと試合するときには、副顧問の俺も緊張する。部員たちに笑いかけるべき場面でも、どうしてもぎこちない笑顔になってしまう。そんなとき、「相手チームには作家はいませんよ」という言葉を何度も思い出した。このお父さんは、俺が弱っているときに、俺のいちばんだいじにしていることを称えてくれた。俺がもの書きであることとバスケとは何の関係もないのに。それでも不思議と緊張が解け、やる気が湧いてきた。

きっと、このお父さんは、家でもこんなふうに子どもに自信をもたせ、励ましているのだろう。その大きな励ましの力をいただいたおかげで、俺は選手たちに力強い言葉をかけることができた。

壊れそう　でも壊れないいちまいの光のようなものを私に

内山晶太『窓、その他』

副顧問ちばさとは、毎日体育館に行き、ほぼすべての試合に立ち会った。部員たちはいろいろな姿を見せながら成長していく。

一年のときは親が試合を見にくることを嫌がり、わざと親の顔を見ないようにしていた子が、二年になると人前でも親と真面目な顔で話したりするようになる。三年になると、忙しいなか試合に駆けつけてくれた親に対して大人っぽく「今日は本当にありがとう」なんて言っている。この子はきっと、親とのつきあい方を自分なりに見つけることができたのだ。

親のほうもすっかり慣れている様子で、試合に来ると、わが子よりも、チームのいろいろな子にあたたかく声をかけてくれる。一人の子の親ではなく、チーム全員の親のようだ。

ほぼ毎回、応援に来てくれるお母さんがいる。

「今日も応援をありがとうございます」

俺が頭を下げると、そのお母さんは笑う。

「もちろん来ますよ。私たちはこのチームのいちばんのサポーターですからね」

俺は首を横に振る。

「いいえ、違いますよ。みなさんはサポーターなんかじゃない。いちばんの身内です。このチームのスポンサーであり、オーナーなんですよ。保護者チームあってこその桜丘バスケ部ですからね」

「そうかぁ。なるほど。子育てにお金をかけているっていう点では、たしかにスポンサーですよね」

そのお母さんは声をあげて笑ってくれた。この明るさが部のささえだ。

親子は、死ぬまで親子。だけど、そのかかわり方は、だんだん変わっていく。子どもが小さいとき、親は文字どおり「保護者」だ。だが子どもが大きくなる中で、親は「保護者」から「頼りになる友だち」へと役割を変える。子どもを囲い込むのではなく、広い場所で風に当たらせ、のびのびとさせるのだ。そして、いつしか親は「頼りになる友だち」から「親友」へとランクアップする。子どもが親の話を受けとめ、親をささえるようになっていく。また親もわが子の意見を聞き入れたり、子どもに頼ったりできるようになる。

成長期の子どもは、日々、親と出会い直しているのだろう。

親は子を育ててきたと言うけれど勝手に赤い畑のトマト

俵万智『サラダ記念日』

親は子どもに対して影響力をもつから、子どものいちばんの味方にも、敵にもなりうる。親子関係は難しく、いつの時代も教育評論の大きなテーマだ。だが、桜丘高校では、豊かで面白くて、そして胸が熱くなるような親子関係をたくさん見せてもらった。

試合会場の体育館へ行くと、桜丘バスケ部の応援席はすぐに分かった。保護者手作りの「桜丘応援うちわ」のおかげだ。

試合中、そのうちわの動きがとまることはなかった。どんな苦しい場面でも、そのうちわからは、励ましのエネルギーがこもった大きな風が吹いていた。

母が倒れた

ときに生徒たちの元気さに驚かされることもあったが、一学期が終わる頃には、二年一組の担任として過ごす日々が楽しくなってきた。そして二学期、文化祭でのクラスの催しも無事成功し、ますますクラスが盛り上がってきたとき、なんとうちの母が倒れた。

ある夜、ドシンと響くような音がした。トイレ前に駆けつけると、母は「転んで頭と腰を打っちゃった」とうずくまっている。すぐに電話で救急車をお願いした。以前、母は軽い脳《のう》梗塞《こうそく》をやっている。もし脳に何かがあったら大変なことになる。

母と一緒に救急車に乗った。救急隊員から言われた。

「お母さんの気力が続くように、なんでもいいので話しかけてあげてください」

俺は母の手を握った。

「お母さん、大丈夫だよ。もうすぐ病院に着くからね」

深夜対応の病院で若いドクターに診てもらい、いくつかの検査を終えると、もうすっかり朝だ。母はベッドに寝かされ、ようやく落ち着いたようだ。眠っている母の指に触れ、そのあたたかさにホッとした。学校に電話を入れ、年次休暇をもらう。前の日に練習問題のプリントを多めに出しておいて、本当に良かった。

ゆびというさびしきものをしまいおく革手袋のなかの薄明

杉﨑恒夫『パン屋のパンセ』

病室を出て、病院の入口の自販機で三色パンを買い、脳の専門医が母を診察してくれるのを待つ。

一五年前まで千葉家は近所でも有名な大家族だった。新聞販売店をやっている父、大らかな母、力自慢の兄、面白い弟。父の店には大勢の若い従業員が出入りしていた。すぐ近所には祖父と祖母が住んでいた。そんな中で俺は育った。

この一五年間。父と兄が相次いで亡くなり、新聞販売店を手放すことになった。祖父と祖母も亡くなり、弟は結婚して家を出た。今、古い家には母と俺しかいない。

窓から射し込む朝日を浴びながら、廊下の隅の長椅子に座る。そろそろ学校が始まる時間だ。いつもなら一日でいちばん慌ただしいこの時間に、今日は一人でこんなところにいる。

とてつもなく変な気分だ。じつは、この一年前にも、母は同じように転んでしまい、やはりこの病院でお世話になった。その一年前と今とが結びついて、一年間ずっとここに座り続けていたような気がする。

お父さん、お兄さん、お願いします。どうかお母さんを守ってください。胸の中でつぶやいた。

外はまだ明るいのに

幸い、母の脳は無事だった。だが、腰のほうはかなり弱ってしまった。思うように身動きできないため、母はしばらく入院することになった。学校の帰りに病院に寄ると、母は看護師さんにささえられて、のろのろとトイレに向かっている。急に歳をとったように見える。

冬が近づく頃、母の退院が決まった。ケアマネージャーに相談し、ヘルパーやデイサービスもお願いし、再び母はなんとか家で生活できるようになった。

だが、すべてが元どおりにできるわけではない。家にいても、何かにつかまらないと歩けない。転んでしまったら自力で起き上がることもできない。トイレに行くのも、飲み物を用意するのも大仕事だ。やはり俺が家にいないといけない。母の状況を報告し、職場に介護休暇届を出した。毎日、決められている退勤時刻より一時間早く帰らせてもらうことにした。

二年一組とバスケ部と、新たに副顧問となった陸上部の生徒の前で頭を下げた。

「母の生活をささえるために、家にいる時間を増やすことになりました。今後は、放課後になったら早めに帰宅します。クラスや部活の用事は、なるべくそれまでに片づけるつもりだけど、十分なことができなかったら、ごめん」

みんな、真剣に話を聞いてくれた。

もちろん土日は家にいることになった。今までは、土日には必ずバスケ部の練習や陸上部の試合に行っていたのに。

正直に言おう。今までは、同僚の前で「俺、部活もがんばっています」という顔をして、いつも忙しそうにしていた。土日も部活のために時間を割いているということが、ひそかな自慢だった。教職員が八〇人いても、土日に出勤する教員はそれほど多くない。だから俺は、「部活もがんばるちばさと先生」として、他の先生に負けないようにと自己アピールしていた。実際、土日の部活中に部員たちと一緒に走ったりするのは気持ちよかった。部活にちゃんと顔を出すと、部員たちとのつながりもどんどん深まり、やりがいがあった。
でも、そういうことができたのは、母も自分もまだ若かったからだ。

全身に夕陽を浴びてしまいたりバス待つ列の最後尾にて

染野太朗『人魚』

母の生活をささえるようになって、ようやく気づいた。多くの先生方が、家族の日々の生活をささえている。親の介護、幼い子の世話、病気の家族の看病。退勤時刻になると急いで帰宅する職員は少なくない。今まで俺は、そういう同僚たちの前で、無神経なことを言ったりしなかっただろうか。退勤時刻になったらちゃんと帰れることが、労働者にとってはいちばん望ましいことだ。毎日時間どおりに帰る先生は、そのぶん勤務時間内に多くの仕事を片づけようとどんなにがんばっていることだろう。自分がこういう状況になって、ようやく気づいた。

会議や打ち合わせがあっても、俺は一時間早く退勤する。先生方にペコリと頭を下げて。部活に向かう生徒たちにも「ごめん」という気持ちで頭を下げて。退勤時刻を守ることも、介護休暇制度を利用することも、労働者として当然の権利だ。本来は、誰かに頭を下げる必要なんて、ないはずだ。それは十分に分かっている。でも、教員という仕事は、決してそれだけでは……。

家に帰ると、まだ外は明るい。今までは、冬になると、もうあたりが真っ暗になってから帰宅するのが普通だったのに。なんとなく、自分だけが白夜の国に引っ越したような気がしていた。

親を叱るということ

母はだんだんいろいろなことが苦手になってきた。思うように歩けない不自由な生活が、母の気力を奪った。着替えも、食事も、歯磨きも、すべてがスローペース。何をしても身のまわりは汚れる。

「お母さん、しっかりしてよ」

母はまだボケてはいない。話をすれば通じる。俺は家にいる間、何度も母に注意をするようになった。まるで学校でクラス全体に向かってものを言うときのように。

「ごめんね。本当にごめんなさい」

母はいつも謝る。俺が何か言うたびに、母の体がピクッと震えるのが分かった。この時期を思い出すのはとてもつらいけれど、正直に書こう。最初、俺は「母に注意をしている」つもりだったが、だんだん「母を叱る」ようになっていった。もちろん怒鳴ったり、手をあげたりはしない。だが、俺の言葉はどんどん鋭くなっていった。

「ごめんね。本当にごめん……」

また母を謝らせてしまった。俺は汚れたところを拭いたり洗ったりしながら、ため息をついた。母が謝るたび、「言い過ぎちゃった。お母さん、こっちこそごめん」と申し訳ない気持ちになった。だが、同じくらいイライラも溜まった。

母は肩をすくめて謝り続けた。俺は無言のまま、ぞうきんで床を拭いた。

ちばさと、うさぎちゃんになる

家にいることが苦痛になってきた。母にとっては、イライラする息子を見ることは、もっとつらかっただろう。身のまわりのことがきちんとできなくて悲しい思いをしているのは、俺ではなくて母だ。「このままではダメだ。家での生活を明るくしないといけない」とは思うものの、どうしようもない。

「千葉先生、お母さんはどうですか？　家のことをちゃんとしなきゃ、と思うと、いろいろ大変でしょ？　体を壊さないでね」

早めに退勤するとき、先生方はやさしい声をかけてくれた。

「先生、気をつけて帰ってね。お母さん、おだいじに」

クラスでも部活でも、先に帰る俺に手を振ってくれたり、励ましたりしてくれる子がいた。桜丘には、とにかくやさしい子が多い。学校でもらったたくさんのやさしい気持ちを、今度は俺が、家で母に向けたい。どうしたらやさしい自分になれるだろう。

その日、たまたま大通りが混んでいて、帰りのバスはなかなか進まなかった。俺はかばんから読みかけの本を取り出した。高原英理の『うさと私』だった。うさぎの「うさ」と一緒に暮らすミキヒサ青年の物語。やさしい二人のやさしい日常。

うさは背中にすぐかゆいところができる。小さい、ぷつっとしたものがかゆい。「小さいぷつっ」をひとつずつ探し出す。かいてやる。

「うさ、はい、かい探し」

「はーい」

うさは背中を向ける。

「ここ、どう?」

「かい」がりがりがり
「ここは?」

「かい」がりがりがりがり

高原英理『うさと私』

いつもより少し遅れて帰宅。急いで夕食の支度を始めようとすると、母は背中を掻《か》こうとして、なかなか掻けずにいる。

「どうしたの? 背中、かゆいの?」

「そう。かゆくてね。ちょっと見てくれない?」

こんな忙しいときに! またイライラが溜まったが、ぐっとこらえて母のシャツをめくりあげ、背中を見てみる。小さい、ぷつっとしたものがある。

「お母さん、「小さい、ぷつっ」があるよ。掻くよ」

そう言ったら、なんだか急におかしくなってきた。あまり動かなくなったため、この頃母はふくよかだ。「小さい、ぷつっ」をちょっと掻くと、母は「ふーっ」と息を吐《は》き、満足そうにうなずいた。お母さん、まるで巨大なうさぎみたいだ。じゃ、お母さんがうさぎなら、息子もうさぎだろう。

「うさぎのお母さん、他にかゆいところ、ない？　うさぎのさとちゃんが背中を掻いてあげるよ」

母はきょとんとしていたが、すぐに遊びに乗ってきた。

「他にはかゆいところはないよ。うさぎちゃん、ありがとう」

文学を味方につけて

自転車に乗れるようになると、今までどうしてこんな簡単なことができなかったんだろう、と思うようになる。俺がうさぎちゃんになってから、千葉家は急に明るくなった。今までどうしてあんなにイライラしていたんだろう、と思う。

「ただいまー、うさぎちゃんが帰ってきたよー」

家に入る瞬間からうさぎちゃんに変身する。声のトーンが上がる。

「うさぎちゃんのお母さん、今日はどうしていたかな?」

部屋に入って、一目で分かる。片づけなければならないもの。俺がやり直さないといけないこと。だが、何か母に注意をしたくなっても、うさぎちゃんのお母さんだと思えば大丈夫。

「うさぎちゃんのお母さん、今日も元気で偉かったねー」

母はマンガや童話の中の「うさぎちゃんのお母さん」を演じているのだ。だから多少何かがあっても、これは演じるための小道具や演出のようなもの。

「うさぎのさとちゃん、ありがとう。うさぎのお母さんは元気だったよー」

母は笑顔で答える。二人がうさぎの親子になってから、とにかく笑顔が増えた。帰宅してすぐに笑顔になると、そのあとに何かトラブルがあっても、わりと平気で乗り切ることができる。母に口うるさく注意することは激減した。

母との夕食も、寝る支度も終えると、読書の時間。とにかく母をボケさせたくない。毎日少しずつ、母に本を読み聞かせることにした。母が昔好きだった、倉橋燿子の『いちご』という小説を朗読すると、母は「これ、前に読んだね」と言いながらも、毎日続きを楽しみにするようになった。また、これも昔、母が俺に買ってくれたギャリコの『ハリスおばさんパリへ行く』を読み聞かせると、母は人情派のハリスおばさんとともに大いに泣いたり笑ったりした。

俺が朗読する一文ごとに、母は「うん」とうなずいた。俺は熱心なお客さんを得たことが嬉しくて、心を込めて朗読した。一つの章を読み終えて本を閉じると、母は言う。

「うさぎちゃん、この続きはどうなるんだろうね」

そして二人で本の内容について語り合うこともある。母はなかなかの論客で、母とのおしゃべりは尽きることがなかった。大丈夫。これならボケない。

「今日は、うさぎのお母さんは、お話でお腹がいっぱいになっちゃったよ」

ときにはそんなふうに言って、母がすぐにベッドに入ることもある。読書の時間のおかげで、どんなことがあっても一日の最後は笑顔で終わることができた。

眠られぬ母のためわが誦《よ》む童話母の寝入りし後王子死す

岡井隆『斉唱』

また母は、ちばさとの新作短歌を読みたがった。郵便受けに新しい雑誌が届いていると、必ず言う。

「今日の雑誌には、聡の新作が載ってるの?」

短歌雑誌や新聞を広げて、母に見せる。母は嬉しそうに、ちばさとの新作を朗読したりする。そのうち母は、自分のノートに、気に入った短歌をメモするようになった。短歌の中の面白い言葉が、ときおり母の口から飛び出したりもする。そういう言葉が、うさぎ親子の笑いのもとになる。新しい歌を書き写すたびに、母は若返っていくようだった。

小説が、短歌が、母を確実に笑顔にさせてくれた。

家での生活が明るくなると、学校の仕事も充実してきた。俺は授業で話すスピードを少し落としてみた。大切なところでは、母に話しかけるように思いを込めて話すようにした。

「ちばさと、この頃授業が分かりやすくなりましたね」

何人かが褒めてくれた。「家で母に小説を読み聞かせるときに、ゆっくり話しかけることの重要性を学んだんだよ」と打ち明けると、生徒たちは言った。

「先生はやっぱり文学の人なんですね。きっと文学の神様が、ちばさととお母さんを守ってくれているんですね」

この励ましの言葉そのものが詩だ。文学だ。俺はその生徒に深々と頭を下げた。

親子関係は永遠のテーマ

当時、学年だよりにエッセイを連載していた。母との新しい生活についても書いた。クラスの保護者会では、「うさぎの親子ごっこ」について話した。すると、たくさんの保護者から励ましのお言葉をいただいた。

「先生のお家では「うさぎ親子」なんですね。うちの場合は「お姫様ごっこ」でした。うちの母が弱ってきたときに「お姫様、今日はいかがいたしましょうか」と話しかけたら、母が大笑いしてくれましてね。それ以来、お姫様なんですよ」

長年お母さまのお世話をしているという、このお母さんは、きっと明るく女中頭役をつとめているに違いない。

保護者会や学校行事でお会いするお母さん方も、部活の保護者のみなさんも、うさぎ親子を励ましてくれた。先生方は、俺が早く帰れるように配慮してくれた。若い先生の中には、介護生活にも楽しみが必要だと言って、母と俺を車に乗せてディズニーランドに連れていってくれる人もいた。なんとその先生のお母さんは、うちの母の友だちになってくれた。


長き長き手紙を書かむと思ひしにありがたうと書けば言ひ尽くしたり

稲葉京子『紅梅坂』

多くの方々にささえていただき、千葉家の生活は以前よりも心豊かなものになっている。桜丘高校全体が味方についてくれるんだ。何の心配もいらない。

親子関係は、一生ついてまわる。自分も親もともに年を重ねるにつれ、ますます親との関係を結び直していくことが必要になる。親子の絆を見つめ直すきっかけを、短歌や小説にもらった。見つめ直すための勇気を、学校に、保護者の方々に与えていただいた。

親子関係は永遠のテーマだ。ちばさと、まだ道半ば。これからも深く学んでいきたい。

短歌連作　空ひとつ

四階の窓の向こうの薄雲が見ている　うつむくばかりの俺を

「千葉先生、顧問になってください」と丸刈り頭を下げるコバさん

陸上部顧問はコバさん一人　なら俺も一緒に顧問をやろう

学校は巨大恐竜　放課後になると目覚める　まず吼《ほ》えてみる

槍投げのヒロシがくれた「ファイト」の声　初めて部員と走った俺に

空ひとつ刺せず流れてきた槍が風と地面のすきまに落ちた

水道の横に寝ころび大空を蹴れば腹筋割れてくるかも

「あ、先生、行ってらっしゃい」陸上部が手を振る俺も手を振りかえす

グラウンドを抜けて午後五時高校を出る　厚すぎる本をかかえて

地下街の下にまた街その下の渋谷駅にも吹く風がある

國學院大學金曜七限目「国語科教育法1」開講

二十四の倍の瞳に見つめられ太宰の魅力を熱く緩く語る

学生の意見は風に吹かれてもさかさにされても消えぬ聖火よ

交差点の見える席で食うイチゴパフェ　本はかばんの闇にしまって

陸上部女子限定のグループ名「さくらんなー」はフォロワー多数

練習後十分以内に着替えるため誰も夕陽に気づかぬふりで

副部長あっくんの背を追いながら今日は保土ヶ谷公園二周

三年生最後の大会前日に配るお守り（桜のマーク）

大会のパンフの「桜丘《さくらがおか》」の字のすべてに印をつける朝なり

第７章

ステージは薄暗がりの中

部活は光と影に彩られて

青春映画を撮影するとしたら

知り合いの大学生から「ちばさとさんの学校で映画のロケをさせてください」と言われた。彼は中学生の頃からスマホで映画を撮っていて、今は大学の映画学科で学んでいる。青春映画の舞台として、桜丘高校を選んでくれたのだ。

俺はツイッターで「桜丘高校の小さな黒板」の画像とともに、日々の出来事をつぶやいている。もちろん勤務で知りえた個人情報は流さない。短歌などを書いた小さな黒板の画像をアップし、そこに「今日はバレーボール大会の練習をがんばりました」というような短いコメントをつける。映画専攻の彼は、俺のツイートをよく読んでくれているようで、ツイッター経由で連絡をくれた。

夏休みまであと数日という、解放感に満ちた放課後、未来の映画監督は、撮影の下見として桜丘にやってきた。

「ちばさとさんの学校って、すべてが絵になりますね」

時計台、晴れると白く光る校舎、見晴らしのいいグラウンド、広い生徒ホール、クラシカルな屋根つきの渡り廊下、小さな部屋が並んでいる部室棟、文学関連が充実している図書館(図書室ではなく、単独で建っている図書館なのだ!)、軽音楽部のライブが行われる小ホール、三階の渡り廊下は広々とした屋上スペースになっている。こうしてじっくり眺めると、俺が毎日さまざまな汗をかいている場所は、なかなか素敵だ。

係り結びの解説を終え汗拭けば風に流れる雲の影見ゆ

田中拓也『直道』

俺は桜丘に来て四年目。すでに水泳部の副顧問は、若い先生方に引き受けていただいた。バスケ部の副顧問は四年目。一緒に練習してきたバスケ部には愛着があったが、この年度からバスケ専門の先生が増えた。俺は顧問が不足している他の部に手伝いにいくことにした。バスケ部のほかに、陸上部と軽音楽部(桜丘では「ステージ・バンド・クラブ」の頭文字をとってSBC部と呼んでいる)の顧問になった。三つの部。すべて副顧問。映画監督のリクエストに応えて、いろいろな部の練習場所にお連れした。どの部へ行っても、みんなお客さんに明るく挨拶してくれる。

「いいですね。部活ってまさに青春だなぁ。青空の下で部活しているところを撮影したいなぁ」

彼は撮影予定の映画のストーリーを話し始めた。それは、まさに青空が似合う、キラキラした青春物語だった。だが、本当は、俺は彼に言いたかった。「部活には、青空も似合うけれど、じつは暗闇も似合うんですよ」と。暗闇は言い過ぎかもしれないが、薄暗がりは部活によく似合う。

秋から冬にかけて、練習を終えて体育館の照明を消すと、急に闇につつまれる。今までバスケに興じていたエネルギーがしんと冷やされる。体育館を出ると、外はもう暗い。こういう薄暗がりの中で、監督やコーチからの厳しいコメントも、一人ひとりの心の糧になるような励ましも、どちらもたっぷり聞かせてもらった。

冬が近づくと、グラウンドも夕闇につつまれる。ナイター照明をつけ、その光を全身に受けて走ると、どことなく晴れがましい気分になる。陸上部は校外の競技場に出向き、ナイター記録会に参加することもある。光と闇を交互に感じながら、自分を見つめ直すひとときだ。

軽音楽部は、文化祭期間や期末テスト後に、小ホールでライブを行う。ステージの袖は薄暗く、そこでお互いの肩を叩き合ってから、バンドマンたちはステージに出ていく。

螢いる叢《くさむら》に立つこばまれず闇の一部になりたい夜は

佐藤りえ『フラジャイル』

部活には青空も似合う。それはたしかだ。でも、薄暗がりの中のほうが、部員たちのいろいろな気持ちが、もっと伝わってくるような気がする。

その後、何回か連絡を取り合ったが、結局、映画のロケは実施されなかった。映画青年は、大学の課題に追われるようになり、自主製作映画の計画は立ち消えとなった。

部活のおかげで健康に

ここ数年、バスケ部や陸上部で、部員たちと一緒にトレーニングをしてきたからだろうか。毎年、健康診断のとき、ドクターに必ず言われる。

「千葉さん、何かスポーツをやっているんですか?」

やさしい看護師さんは、微笑みながら言ってくれる。

「千葉さん、若々しいですね。……」

正直、とても嬉しい。ただ、「……」のところに「お歳のわりには」が続くこともあるが、そこは聞き流すことにする。

ここで読者のみなさんに、大いに自慢したい。ちばさとは部の顧問をしているおかげで、健康体を手に入れ、とても幸せになった。

桜丘五年目にバスケ部の顧問は降りたが、四年目まではバスケ部の部員たちとフットワークをしていた。走るトレーニングも一緒にやった。バスケ部はとにかく明るく、大声をあげながら全力で練習する。俺も負けずに大声を張りあげた。とにかく走りに走った。おかげでちょっと痩せた。ほぼ一冊まるごとバスケ部での日々を綴った『海、悲歌、夏の雫など』という歌集まで出版してしまった。

桜丘六年目、母の生活も少し落ち着き、夕方五時までは学校にいられるようになった。おかげさまで、今は陸上部と軽音楽部の副顧問をしている。この夏は、二つの部の合宿に参加した。

放課後、仕事を片づけてグラウンドに駆けつけると、陸上部のみんなは「先生、一緒に走りましょう」と迎えてくれる。陸上部のコバヤシ監督は、部の約束ごととして「部員たちは千葉先生から言葉の力を学び、千葉先生に陸上競技の楽しさを教えること」と書いてくれた。この気持ちをありがたく受けることにする。

もちろん一〇代の陸上選手と同じように走れる訳はない。「みんなが一〇周走る間、俺は七周だけ走る」というように目標を決めて、一緒に走りだす。バスケ部でトレーニングをしていて良かった。四〇代になっても、まあまあ走れる。

走り出せば走る走れる走るのみあらゆる比喩の言葉を離れ

石川美南《みな》『砂の降る教室』

陸上部の部員たちは、俺のコーチだ。走り方について、ストレッチの方法について、体幹の鍛え方について、詳しく指導してくれる。スポーツジムに通う必要はない。部員たちと約束し、週に二回は筋トレをすることにした。懸垂《けんすい》をがんばっていたら、それなりに筋肉質になり、健康診断を受けるのが楽しみになってきたのだ。

まさかのステージ・デビュー

軽音楽部の部員たちは、俺が副顧問になるとすぐに、バンドにスカウトしてくれた。食堂でカツカレーを食べていると、軽音楽部の「ラスカル」という、いちばんにぎやかなバンドのメンバーがやって来て、譜面を差し出した。

「ちばさと先生、キーボードをやってください。一曲だけでいいんで、お願いします」

テレビ局の社員食堂で、駆け出しのミュージシャンが、人気ロックグループから「サポートメンバーになってほしい」と大抜擢《だいばってき》されたら、きっとこんなふうに嬉しくなるだろう。

毎年恒例の七夕ライブに向けて、軽音楽部の練習場所となっている狭い部室に通った。気温が三〇度近くになる日には、部室はサウナ状態。一曲合わせただけで、シャツもハンカチも、乾いているところがなくなった。ここでも、ちばさと体重減。本番ではバンドメンバーから「ここでゲストをお迎えします。みなさんご存じ、歌人のちばさとです!」と派手に紹介され、大きな拍手をいただいた。演奏のほうは、冷や汗をかきながらも大成功。

一つのステージの成功は、次のステージにつながる。文化祭では、他にも二つのバンドからキーボードを依頼された。軽音楽部のメイン顧問で、ギターの神であるキクチ先生のバンドにも入れていただいた。本番前夜、ツイッターで「軽音楽部のライブに出ます」と宣伝したら、歌人の友だちが三人、ステージを見にきてくれた。

「千葉さんは、本当に生徒と一緒に部活をやってるんですね。千葉さんが雑誌でよく学校のことを書いているけど、この目で見るまでは、こんなにいい学校があるなんて信じられませんでした。でも、全部、本当なんですね」

その若い歌人は、ステージを終えて汗だくになっている俺にハンカチを貸してくれた。

コンサート会場撤去作業終え夜の雲を追う別の夜の雲

藤原龍一郎『嘆きの花園』

部活は励まし合う場だ。部員たちは、ここで仲間同士ささえ合い、ときに厳しいことを言い合い、それぞれの力を伸ばしていく。そういう場に参加させてもらえるなんて幸せだ。俺は四〇代になっても、声をかけ合いながら走るときの心地よさや、メンバーと緊張感をともにするステージの喜びを、リアルに味わっている。薄暗がりにつつまれて思いをぶつけ合うような学生時代の励まし合いの中に、今もちょっとだけ足を踏み入れている。

それもこれも、みんな、生徒たちのおかげだ。桜丘高校の生徒たちはすばらしい。それは進学指導重点校だから、という訳ではない。真面目だとか、勉強をがんばっているとか、知識が豊富だとか、そういうことでもない。桜丘というのは、ハートのあたたかい高校だからだ。

学校に慣れなかったときも、歌人としてなかなか芽が出なかったときも、母の生活をささえなければならなくなったときも、生徒たちが大きな力をくれた。生徒たちは、俺が寂しくならないようにと、いつも必ずささえてくれた。本来なら、教員が太陽となってみんなを照らすはずなのに、教員がこんなにも、みんなに照らしてもらうなんて……。

このことを、ずっと忘れない。

あとがき

桜丘四年目から大学でも教えることになった。國學院大學の教職課程の授業「国語科教育法1」である。兼職届を出し、先生方にも認めていただいた。大学へ行く日は、帰りが遅くなるので、母の身のまわりのことはヘルパーさんにお願いした。

金曜日は、高校の勤務時間が終わるとすぐに渋谷へ出かける。大学の授業用のファイルをかかえて校門を出ようとすると、部活中の生徒たちが手を振ってくれる。

「ちばさと、今から大学？」

「うん。そうだよ」

「じゃ、がんばって勉強してきてね！」

いやいや、俺が勉強するんじゃなくて、俺は大学生たちに教えにいくんだよ！　そう反論したくもなったが、同時に「生徒たちの言っていることは当たっているかも」と思った。

高校生や大学生を前に授業をすると、しばしば生徒(学生)たちの発言に助けられたり、教えられたりする。俺はなるべく余裕の笑みを浮かべて「なるほど。なかなか鋭い指摘だね」と褒《ほ》めたりしているが、内心、「生徒に負けた!」と思うこともある。

教員が生徒に教えてもらうことのほうが案外多い。若者の柔軟な発想が、ものごとの本質にたやすく迫る道を切り開いてくれるのだ。

生徒たちに「がんばって勉強してきてね!」と言われ、俺は「うん。がんばる」と答える。教員も、日々、学んでいくのだ。すべてが学びのきっかけだ。


桜丘四年目に担任した二年一組は、進級してそのまま三年一組になり、無事に卒業した。明るくて元気な向日葵《ひまわり》クラス。卒業式の退場のときに、クラスみんなで「ちばさと、サンキュー」と叫んでくれた。六年目の今は、クラス担任はしていないが、進路指導室で三年生に小論文の書き方を指導している。笑顔で、または気持ちのいい泣き顔で卒業式を迎えるために、一人ひとりと向き合う日々だ。

国語科準備室前の小さな黒板には、毎朝一首、短歌を書き続けてきたが、最近は、俳句、詩や歌詞の一部、小説の一節なども書いている。ツイッターに「桜丘高校の小さな黒板」の画像をアップするとともに、その日の出来事をつぶやいている。おかげさまで生徒たちもよく見てくれるようになり、フォロワーも増えた。卒業生たちがツイッター経由で連絡をくれることも多い。

ときどき、黒板に書いた詩歌の感想を言いにきてくれたり、「短歌を詠んでみたいんですが」と声をかけてくれたり、生徒からさまざまな反応がある。

この本を応援するために、三人の生徒が高校生活を詠んでくれた。ここに紹介しよう。

あと一歩、一歩届かぬマーチング　一歩のためにまた風に吹かれ

折田日々希

いつもとは違う自分をめざしつつ強く踏み切りハードルを跳ぶ

平澤佑太郎

今僕の芯から突き出す砲丸よ　校舎の向こうの夕空へゆけ

平岡大輝

吹奏楽部員は朝から中庭でマーチングの練習に打ち込んでいる。全員で同じ動きができるまで、風に吹かれながらの練習は続く。陸上部員たちが取り組んでいるハードルも砲丸投げも、ただ体の動かし方を学ぶというのではなく、自分自身と向き合うことにつながっている。三人それぞれの日々の思いが、ここにある。

短歌を詠む。自分の思いを歌の言葉として残す。それによって、高校生活のさまざまな出来事は輝きを帯びるだろう。また、短歌を読んでくれた誰かが、作者の心に共感したり、作者を応援したりしてくれるようになる。

短歌は人と人との心をつなぐ最強のアイテムなのだから。

毎年、インターハイ路線の最後の大会のために、陸上部のマネージャーがお守りを作ってくれる。大会の前日に、思いを込めて、部員一人ひとりにプレゼントする。もちろん顧問にもくれる。

今年はシューズの形のお守り。それに透明なプラスチックのプレートがついている。見ると、プレートにはその人の個性に合わせて、一人ひとり違う漢字が書いてあった。俺のプレートには「灯」と書いてあった。

俺は生徒たちを見守りながら、「部活には薄暗がりが似合う」なんて言っていたが、それは生徒自身が光を発する存在だからだ。光が間近にあるから、薄暗がりの風情を楽しむことができたのだ。でも、生徒たちは、俺に「灯」の一字を授けてくれた。そうだ、灯だ！　なんだかとても嬉しくなってきた。

強い太陽にはなれないが、灯になろう。俺は、誰かと向かい合うときに、相手の心をあたためるような光になろう。

進路指導をすべき教員が、じつは生徒に生き方を教えてもらっている。俺は四〇代になっても、教員としてまだまだ力不足だが、「幸せな教員」の世界ランキングでは、かなり上位に入っていると思う。きっとオリンピック出場が狙えるレベルだ。

桜丘高校に着任してからの五年半の出来事を中心に、エッセイと九五首の短歌連作にまとめました。まだまだ力不足の教員ちばさとにかかわってくださった方々の思い出を書き残したいという思いから、この一冊は生まれました。

自作短歌を掲載したものとしては、私の六冊目の本になります。エッセイが主体の一冊ですが、短歌関係のみなさんには「第六歌集です」とご報告させてください。

エッセイの章は、一部、雑誌などに寄稿した文章を大幅に書き直して収録しました。第2章は、拙著『海、悲歌、夏の雫など』のあとがきと、『今日の放課後、短歌部へ!』のあとがきの一部と同じ内容を含んでいます。

また、エッセイの中では現代短歌と詩を引用させていただきました。読者のみなさんに、私の作品だけでなく、すばらしい詩歌をたくさん紹介したかったからです。引用をお許しくださった歌人のみなさん、詩人の高原英理さん、どうもありがとうございました。みなさんの作品にささえられて、一冊を書きとおすことができました。

エッセイの中では、個人情報を保護する観点から、生徒個人が特定されるような記述は避けました。カタカナ表記の生徒名は仮名です。ただ、執筆時に成人していて、名前を出すことを許可してくれた卒業生の場合は、カタカナ表記で名前を書きました。同僚の先生方にもご許可いただき、名字をカタカナで書きました。

いくつかの出来事については、複雑な背景を省略してあっさりとまとめたり、その出来事が起きた時期をずらしたりしています。すべて個人情報保護の観点から行いましたが、もしどなたかを傷つけるような記述があれば、それはすべて私の責任です。お読みくださった方々、お気づきの点など、ぜひお教えください。

たくさんの生徒や卒業生のみなさん、先生方、保護者のみなさん、桜丘高校にかかわってくださる多くの方々に、この場をお借りしてご挨拶を。いつも本当にありがとうございます。この本をまるごと一冊、桜丘高校に捧げます。

心がほっこりするようなあたたかい帯文をお寄せくださった俵万智さん、光が宿っているようなイラストをお描きくださったスカイエマさん、どうもありがとうございました。

この本が出来上がるまで、一緒に走り続けてくださった、岩波書店の山下真智子さん、どうもありがとうございました。山下さんは、本当に心強い最強の伴走者でした。たくさんの励ましのお言葉、胸にしみました。

読者のみなさん、どこかでお会いしましょう。お声がけいただけましたら、そのときには「灯」のプレートをお見せしたく思います。もしよろしかったら、私の歌友になってくださ い。彩り豊かな日々を、ともに詠んでいきましょう。

これからもよろしくお願いします。

二〇一七年八月

千葉 聡

ブックガイド

◆現代短歌をもっと楽しむために

『短歌をよむ』 俵万智(岩波新書)
『短歌という爆弾』 穂村弘(小学館文庫)
『鼓動のうた　愛と命の名歌集』 東直子(毎日新聞社)
『一人で始める短歌入門』 枡野浩一(ちくま文庫)
『短歌のドア　現代短歌入門』 加藤治郎(角川学芸出版)
『短歌入門　今日よりは明日』 小島ゆかり(本阿弥書店)
『ハナモゲラ和歌の誘惑』 笹公人(小学館)

◆エッセイの中でとりあげた本など

〈第1章〉
『歌うカタツムリ』 千葉聡(岩波書店)
※「大学で生物学を教えているチバサトシ教授」が書いた進化論の本(二人の「千葉聡」が同じ

二〇一七年に、同じ岩波書店から本を出したことになる)。
〈第3章〉
『キテレツ大百科』(新装版)全三巻　藤子・F・不二雄(小学館)
『ハリー・ポッターと賢者の石』J・K・ローリング/松岡佑子訳(静山社)
『西の魔女が死んだ』梨木香歩(新潮文庫)
『あひるの空』日向武史(講談社)
※二〇一七年八月現在、第四八巻まで刊行されているコミック
『サラダ記念日』俵万智(河出書房新社)
『シンジケート』穂村弘(沖積舎)
『飛ぶ教室』ケストナー/池田香代子訳(岩波少年文庫)
『クオレ』上・下巻　デ・アミーチス/前田晁訳(岩波少年文庫)
『赤毛のアン』モンゴメリ/村岡花子訳(新潮文庫)
※第5章に出てくる「アン」と「ダイアナ」は『赤毛のアン』の作中人物である。
『二十四の瞳』壺井栄(新潮文庫)
『おもろさうし』外間守善校注(岩波文庫)
〈第4章〉

『アルプスの少女ハイジ』シュピリ/関泰祐・阿部賀隆訳(角川文庫)

〈第6章〉

『うさと私』高原英理(書肆侃侃房)

『いちご』全五巻　倉橋燿子(講談社青い鳥文庫)

『ハリスおばさんパリへ行く』ギャリコ/亀山龍樹訳(復刊ドットコム)

初出

◆エッセイ

第1章「小説すばる」二〇一二年一月号
第2章「詠み人応援マガジン　喜怒哀楽」二〇一二年八月号、一二月号
第3章、第6章「角川短歌」連載エッセイ「今日の放課後、短歌部へ！」
二〇一二年一月号〜二〇一四年六月号
各誌に掲載した文章を大幅に修正し、再構成しました。

◆短歌連作

『短歌研究』『角川短歌』『歌壇』『短歌往来』『うた新聞』などに掲載したものを大幅に修正し、再構成しました。

千葉 聡
1968年神奈川県に生まれる．東京学芸大学教育学部卒業．國學院大學大学院文学研究科博士課程前期修了，博士課程後期単位取得退学．97年，歌人集団「かばん」に入会し，本格的に短歌を詠み始める．98年，第41回短歌研究新人賞を受賞．著書に『微熱体』『飛び跳ねる教室』『グラウンドを駆けるモーツァルト』『90秒の世界』など，編著に『はじめて出会う短歌100』などがある．エッセイや小説も発表している．横浜市立桜丘高校を経て，現在，横浜サイエンスフロンティア高校教諭．國學院大學，日本女子大学の兼任講師．名桜大学校歌を作曲するなど音楽活動も手がける．

短歌は最強アイテム
——高校生活の悩みに効きます　　岩波ジュニア新書 863

2017年11月21日　第1刷発行
2021年 5 月25日　第2刷発行

著　者　千葉《ちば》 聡《さとし》

発行者　岡本 厚

発行所　株式会社 岩波書店
〒101-8002 東京都千代田区一ツ橋 2-5-5
案内 03-5210-4000　営業部 03-5210-4111
ジュニア新書編集部 03-5210-4065
https://www.iwanami.co.jp/

印刷・理想社　カバー・精興社　製本・中永製本

ISBN 978-4-00-500863-6　　Printed in Japan

岩波ジュニア新書の発足に際して

きみたち若い世代は人生の出発点に立っています。きみたちの未来は大きな可能性に満ち、陽春の日のようにひかり輝いています。勉学に体力づくりに、明るくはつらつとした日々を送っていることでしょう。

しかしながら、現代の社会は、また、さまざまな矛盾をはらんでいます。営々として築かれた人類の歴史のなかで、幾千億の先達《せんだつ》たちの英知と努力によって、未知が究明され、人類の進歩がもたらされ、大きく文化として蓄積されてきました。にもかかわらず現代は、核戦争による人類絶滅の危機、貧富の差をはじめとするさまざまな人間的不平等、社会と科学の発展が一方においてもたらした環境の破壊、エネルギーや食糧問題の不安等々、来るべき二十一世紀を前にして、解決を迫られているたくさんの大きな課題がひしめいています。現実の世界はきわめて厳しく、人類の平和と発展のためには、きみたちの新しい英知と真摯《しんし》な努力が切実に必要とされています。

きみたちの前途には、こうした人類の明日の運命が託されています。ですから、たとえば現在の学校で生じているささいな「学力」の差、あるいは家庭環境などによる条件の違いにとらわれて、自分の将来を見限ったりはしないでほしいと思います。個々人の能力とか才能は、いつどこで開花するか計り知れないものがありますし、努力と鍛練の積み重ねの上にこそ切り開かれるものですから、簡単に可能性を放棄したり、容易に「現実」と妥協したりすることのないようにと願っています。

わたしたちは、これから人生を歩むきみたちが、生きることのほんとうの意味を問い、大きく明日をひらくことを心から期待して、ここに新たに岩波ジュニア新書を創刊します。現実に立ち向かうために必要とする知性、豊かな感性と想像力を、きみたちが自らのなかに育てるのに役立ててもらえるよう、すぐれた執筆者による適切な話題を、豊富な写真や挿絵とともに書き下ろしで提供します。若い世代の良き話し相手として、このシリーズを注目してください。わたしたちもまた、きみたちの明日に刮目《かつもく》しています。（一九七九年六月）